[監修] 株式会社Kaien 代表取締役
鈴木慶太 ＋
[編著] 株式会社Kaien 教育事業担当 執行役員
飯島さなえ
[編著] **TEENS執筆チーム**

発達障害の子のための ハローワーク

合同出版

保護者・先生のみなさまへ

　私たちは、これまで就職を希望する発達に凸凹を持つ学生や大人、3,000人以上にお会いして、就労支援を行なってきました。その経験やデータを、発達に凸凹がある子どもたちに参考にしてほしいと願い、この本をつくりました。

　子どもはどうしても、「何を仕事にするか」ということだけに注目しがちです。けれど、この本で考えてみてほしいのは「どのように働くか」ということなのです。

　就職を希望する学生や大人のなかにも、「自分の好きな仕事を探したい」という気持ちの強い方がいます。もちろん、好きでピッタリの仕事があり、その仕事に就くことができて、ずっと続けることができたらそんな幸せなことはありません。けれども、その仕事に出合えないまま5年、10年を過ごしてしまうケースもあります。

　大事なことは、たった一つの天職を探して右往左往することではなく、自分にむいている、できる仕事は何かを考えること。逆に、絶対にむいていない仕事は何かを知ること。そして、仕事内容だけでなく、仕事の進め方、会社や組織の風土や文化なども含めて、どのように働くか、そのイメージを持つことです。

　また、子どもはどうしても将来の仕事を「知っている」「見たことがある」ことだけをヒントに考えがちです。

　この本では、個性豊かな5人のキャラクターたちがいろんな職場を見学に行きます。そこでは実際に働いている社会人の先輩がいて、よいことだけではなく、たいへんなことも教えてくれます。さらに、コラム「先輩の声」では、凸凹がありながらも元気に働いている先輩たちの体験談を紹介しました。

　この本を読み進めるなかで、子どもが「考えもしなかったけれど、こういう仕事もいいかも」と選択肢を広げてもらえたり、「自分だったらどう働くとよいのか」など、考えてみてくれたら、とてもうれしく思います。

　子どもの特性が5人のキャラクターと重なる部分、そうでない部分もあると思いますが、必要なところ、興味のあるところを、子どもと一緒に読んでいただき、参考にしてください。

2017年6月　TEENS執筆チーム一同

もくじ

保護者・先生のみなさまへ ・・・・・・・・・・・・・・・・・・・ 3
この本に登場する仲間たち ・・・・・・・・・・・・・・・・・・・ 8
未来をのぞきに行こう！
　テーマ① 「将来、何になりたい？」 ・・・・・・・・・・・ 10
　テーマ② 「職場見学をするときのポイント」 ・・・・・・ 14

第1章　お仕事ガイド

鉄道のお仕事 ・・・・・・・・・・・・・・・・・・・・・・・・・・ 22
　システム開発者・整備士／車内販売員／駅員／窓口係／清掃係

物を売るお仕事 ・・・・・・・・・・・・・・・・・・・・・・・・ 30
　家電量販店の販売員／フローリスト／訪問営業係／
　インターネットのカスタマーサポート係／商品のルート営業係

喫茶店・レストランなどのお仕事 ・・・・・・・・・・・・ 38
　バリスタ・ソムリエ／キッチンスタッフ（調理）／デリバリースタッフ／
　ホールスタッフ／工場の食品製造係

アパレル・ファッション業界のお仕事 ・・・・・・・・・ 46
　マーチャンダイザー／デザイナー・テキスタイルデザイナー／
　プレス／パタンナー／バックヤード係

テレビ・ラジオのお仕事 ・・・・・・・・・・・・・・・・・・ 54
　放送作家／メイクアップアーティスト／お笑い芸人／映像クリエイター／小道具係

本や雑誌をつくるお仕事 ・・・・・・・・・・・・・・・・・・ 62
　校正者／イラストレーター／新聞記者・ジャーナリスト／
　DTPオペレーター・ライター／印刷作業員

ホテル・旅行・レジャーにかかわるお仕事 ・・・・・・ 70
　観光案内係・コンシェルジュ／バスガイド／ツアーコンダクター／
　フロントスタッフ・番頭／ハウスキーパー（ベッドメイキング）

人を助けるお仕事 ・・・・・・・・・・・・・・・・・78
福祉用具専門相談員／介護職員／介護トレーナー／
障害者福祉施設の職員／ガイドヘルパー

お医者さんをサポートするお仕事 ・・・・・・・・86
薬剤師／歯科助手／理学療法士／作業療法士／看護助手

スーパー・小売店のお仕事 ・・・・・・・・・・・・94
発注係／POPライター／配送ドライバー／レジ係／品出し係

物をつくるお仕事 ・・・・・・・・・・・・・・・・・102
プラントエンジニア／組み立て・梱包係／町工場の職人／ライン・製造係／検品係

物を保管し、運ぶお仕事 ・・・・・・・・・・・・・110
通関士／仕分け係／荷役作業員／集荷・配送係、引っ越しスタッフ／ピッキング係

建物や街をつくるお仕事 ・・・・・・・・・・・・・118
測量士／インテリアデザイナー／土木作業員／設計士（CAD技術者）／タイル職人

食を支えるお仕事 ・・・・・・・・・・・・・・・・・126
農業開発・研究者／花農家／漁師／農協職員／畜産農家

機械・ロボットなどにかかわるお仕事 ・・・・134
ロボットクリエイター／インダストリアルデザイナー／
ハイテクおもちゃクリエイター／制御プログラム開発者／電気工事士

サービスを提供するお仕事 ・・・・・・・・・・・142
柔道整復師／ネイルアーティスト／スポーツトレーナー・インストラクター／
はり師・きゅう師・あんまマッサージ指圧師／ペットショップの店員・トリマー

学びをサポートするお仕事 ・・・・・・・・・・・150
大学教員／幼稚園教諭／塾講師／パソコン教室のインストラクター／学童保育のスタッフ

自然や生物にかかわるお仕事 ・・・・・・・・・158
樹木医／ガーデナー／潜水士／ビオトープ管理士／ブリーダー・動物看護師

感動を生み出すお仕事 ・・・・・・・・・・・・・・166
学芸員／楽器インストラクター／イベント制作スタッフ／
サウンドクリエイター／歌手・ダンサー

システム系のお仕事 ･･････････････174
OAオペレーター／グラフィックデザイナー／セールスエンジニア／
ITトラブルシューター／キッティング係

ゲームをつくるお仕事 ･･････････････182
ゲームプログラマー／キャラクターデザイナー／
ゲームパフォーマー（プロゲーマー）／ゲームのテスター／ゲームセンターの店員

書類や伝票を作成するお仕事 ･･････････190
経理係／秘書／総務・庶務係／営業事務員／受付・メール室係

公的な機関で働くお仕事 ････････････198
技術職（電気）／保育士／陸上自衛官／窓口事務員／図書館員

資格がなければできないお仕事 ････････206
気象予報士／2級建築士／救急救命士／理容師／美容師

家でできるお仕事 ････････････････214
翻訳家／まんが家／デイトレーダー／テレワーク／内職

その他のお仕事 ･････････････････222
宇宙開発技術者／議員秘書（政策担当秘書）／航空管制官／デコレーター／
アニメーター／人形作家／スポーツ選手／警備員／発展途上国支援／PAエンジニア／
テープライター／葬儀屋／パン職人／ベビーシッター／アロマセラピスト

飯島先生から保護者・先生のみなさまへ 特性をふまえた就労アドバイス･･232

第2章 Kaien鈴木先生が教えるキャリア教育のお話

はじめに ････････････････････････238
人事異動が多く、求められるレベルの高い大手企業 ････････238
強みをいかすだけでは働けない中小企業一般枠 ･･･････････239
発達障害のある人は障害者枠で働けるのか？ ･･･････････240
会社の規模や職種はどんなものが望ましいか？ ･･････････241
一般枠と障害者枠、どちらがいいのか？ ･････････････242

福祉就労という選択肢 ・・・・・・・・・・・・・・・・・・・・243
なぜ子どもたちに夢を見させるのか？ ・・・・・・・・・・244
保護者にはどんな役割があるのか？ ・・・・・・・・・・・・245
最後に ・・・・・・・・・・・・・・・・・・・・・・・・・・・・・・・・246

第3章 発達障害の子のためのハローワークQ&A

- **Q1.** 発達障害のある人にむいているお仕事って何ですか？ ・・・・248
- **Q2.** 発達障害のある人が利用できる ・・・・・・・・・・・249
  相談機関や就労支援機関について教えてください。
- **Q3.** 障害者枠で働きたいと考えています。 ・・・・・・・・・251
  お給料ってどれくらいですか？
- **Q4.** 精神保健福祉手帳を取得するにはどうしたらいいのでしょうか？ 252
- **Q5.** 就労継続支援A型とB型は、どこがどう違うのですか？ ・・・253
- **Q6.** 障害年金とは、どんな制度ですか？ ・・・・・・・・・・254
  発達障害でも支給されるのですか？
- **Q7.** 都心と地方での就職事情に違いはありますか？ ・・・・・・・254
- **Q8.** 特例子会社って何ですか？ ・・・・・・・・・・・・・257
- **Q9.** 働き先の企業のなかで受けられる配慮には ・・・・・・・258
  どんなものがありますか？
- **Q10.** 一般枠で働くときでも障害をオープンにすべきですか？ ・・・259
  また、一般枠でも配慮は受けられるのでしょうか？

おわりに ・・・・・・・・・・・・・・・・260
参考になる本 ・・・・・・・・・・・・・261

この本に登場する仲間たち

飯島先生

三度の飯より電車が好き。電車のことならいつまででも話せますが、自分が興味のないことを話題にしてまで他人と話したくないし、そんな時間の浪費はしませんね。融通がきかないとか頑固とかいわれますが、どうでもいいです。
勉強は得意で、とくに漢字や英語はいつも90点以上とっています。
将来の夢は東急電鉄で運転士として働くことですね。

てつお君

絵やまんがを描くのが大好き。
たくさん人がいる場所は緊張するけど、お友だちとおしゃべりするのは楽しいから、学校はきらいじゃないです。
だけど、勉強は苦手……。すぐに忘れちゃうし、うっかりミスをしちゃうの。忘れ物をしたり、授業中ぼーっとして注意されることもあるかな。
将来はまんが家さんとか、絵を描くお仕事ができたらいいな。

こころちゃん

体育なら、任せとけって感じ。ほかの科目はまぁまぁってとこかな。勉強するのは大きらい。
落ち着きがないとか、あきっぽいとか叱られるけど、しょーがないよね。
友だちは多いけど、ときどき殴り合いのけんかになる。いつもおれが悪いわけじゃないのに、だいたい、おれが怒られてばっかりで、ムカつくんだよね。
将来の夢は、とくに考えてない。仕事はしないで遊んでいたい！

ハイパー君

しずか君

苦手なことが多いから、家でゲームをしているのが、いちばん落ち着きます。
教科書を読むのも、字を書くのも、計算も苦手。だから成績はよくないけど、先生の話はよく聞いているので「まじめだね」といわれます。
あと、情報の授業は好きです。パソコンでゲームをしているから、タイピングだけは得意なんです。
将来の夢は、自信はないけどゲームをつくる人になれたらいいな。

家で飼っている猫と遊んでいると幸せ。猫のお世話係もしているの。
おしゃべりが好きで「人見知りしないね」っていわれるよ。
子どもっぽく見られるのかな。13歳なのに「小学生？」って聞かれちゃう。
勉強は、ときどきついていけなくなる。たくさんのことを覚えるのは苦手だけど、花丸がもらえるとうれしいです。
将来は、獣医さんになりたいな。

あかりちゃん

未来をのぞきに行こう！ テーマ②「職場見学をするときのポイント」
てつお君のばあい

こころちゃんのばあい

ハイパー君のばあい

しずか君のばあい

この本を読んでくれるあなたへ

　この本には、さまざまな仕事が登場しますが、それでも世の中にある仕事のごく一部にしかすぎません。

　この本を読んでいるあなたは、たぶんまだ働いたことがない年齢だと思います。人間は、自分が見たものや経験したことをもとに思考するので、自分の将来を考えるときには、実際に見たり聞いたり、経験したりすることがとっても大事になると、私は考えています。

　私があなたに伝えたいことは、「未来をのぞきに行こう！」で、5人に話したことそのままです。

　なりたい職業が一つしかない人には、ほかの仕事にも関心を持ってみることをおすすめします。できる仕事がなさそうでがっかりしている人・不安な人には、仕事はたくさんあるからできる仕事を探してほしいと思います。

　「いまは働きたくない！」と思っている人には、「働くことって楽しいから、まずは働いてみて！」といいたいのです。もちろん、うまくいかないこともたくさんあるけれど、お金も手に入るし、仕事を通してだれかを助けることができるからです。

　もし、将来、あなたが働く年齢になったときに、自分にむいている仕事がわからないとか、できる仕事なんてないなと思ったときに、自分だけで決めようとしないで、まわりの人にも頼ってみてほしいと思います。

　いま、ちゃんと働いているように見える世の中の大人たちも、みんなが最初からうまくいっていたわけではなくて、まわりの人に助けてもらって成長してきたのだから。この本では、実際に働いている人のお話もたくさんあるので、先輩たちの体験談も参考にしてみてくださいね。

　それでは、一緒に未来をのぞきに行く旅に出よう！

自分チェックリスト

自分にむいている仕事を見つけるためには、自分自身をよく理解することが大事。
得意なこと・苦手なこと・将来の夢は何かな？　自由に書き出してみよう！

得意なことは何？	
苦手なことは何？	
好きなことは何？	
きらいなことは何？	
ワクワクすることは何？	
やっていて楽しいことは何？	
大好きな人・物は？	
大好きな場所は？	
どんなとき、うれしくなる？	
楽しかった体験は何？	
自分の好きなところはどこ？	
将来の夢は何？	

てつお君のタイプにピッタリ

システム開発者・整備士

会社のシステムや機器を管理する

【システム開発者】列車運行管理のほか、時刻表・車両の部品・駅の券売機の管理があり、とくに運行計画の管理や乗務員のマネジメントは、安全・安定輸送を支える重要な仕事です。

【整備士】安全に電車が運行できるよう車両を定期的に点検し、分解・修理を行なうほか、計器や装置に不備がないかどうかを確認するのが主な業務です。つねに細心の注意を払い、ていねいなメンテナンスを心がけることが求められます。

電車の車両点検を行なう整備士

先生のおすすめ

てつお君は、調べて分析するのが得意なので「システム開発」のお仕事にむいています。いま、鉄道会社はたくさんのシステムによって動いています。たとえば、切符の代わりを果たしているICカードや、遅延情報を教えてくれるアプリの開発など。システム開発は今後の鉄道会社で花形となるお仕事だよ。もしプログラミングやパソコンに興味があるのなら、その分野で力を伸ばしていけば、鉄道業界で働ける日が来るかもしれません。てつお君はルールや時間をきっちり守るので、鉄道のお仕事全般に適性があります。だけど運転士のばあい、事故があって電車の運行が遅れたり、予想外のこともたくさん起こります。予定の変更が苦手で頭のなかがまっ白になっちゃう人は、運転士はむずかしいかもしれません。

もう一つ、てつお君にすすめたいのが「整備士」です。専門の工具を使い、車両に異常がないかどうかを点検するお仕事。手先が不器用なのがちょっと気になるけど、細かいところまでこだわれるところは整備士にむいているかも。

こころちゃんのタイプにピッタリ

車内販売員

鉄道車内でお弁当などを販売

ドリンクやお弁当などをワゴンに積み込み、列車内を移動しながら販売するワゴン係と、列車内の売店で商品を販売する仕事があり、「車内パーサー」と呼ばれることもあります。お客さまに対する細やかな気配りが求められるほか、立ちっぱなしの仕事になるので体力も必要です。

ワゴンいっぱいに積み込まれた商品

 先生のおすすめ

優しい笑顔が魅力的なこころちゃんには、「車内販売」のお仕事がおすすめです。この仕事は鉄道業界のなかでも人との接点が多い仕事なので、お客さまと笑顔で接するコミュニケーション力が必要。たとえば、よっぱらってからんでくる人、仕事で疲れてイライラしている人など、いろんなお客さまがいます。こころちゃんの人当たりのよさは、この仕事にピッタリです。

大切なのは、ミスなくお客さまへ商品を販売すること。車内販売で売る商品の種類は、ふつうのお店よりは少ないから、ちょっとのんびり屋さんのこころちゃんでも慣れれば問題ないと思います。最近は、お会計をICカードで払うことも多いから、おつりの計算もむずかしくないでしょう。

まずはいまのうちから、ていねいな敬語でやりとりできるようにしておきましょう。車内販売は、長時間の立ち仕事に耐えられるような体力が必要なので、身体を鍛えておくことも大切です。

ハイパー君のタイプにピッタリ

駅員

駅で改札や案内などを担当

乗客の案内や、切符の販売、ホームの安全監視や改札、駅に関するさまざまな業務を担当します。駅を快適に利用してもらうためには、駅員の日々の応対が重要。お客さまと直接ふれあう仕事なので、ニーズに応えながら心のこもったサービスを提供しなければなりません。

●交代勤務制で働く駅員の1日

> 出勤
> 朝礼
> 夜勤の駅員からの引き継ぎ
> 改札・ホームでの仕事
> 終列車後、駅の見まわり
> 仮眠
> 始発列車の前に駅のシャッターを開けるなどの準備
> 交代の駅員に引き継ぎ

先生のおすすめ

元気いっぱいのハイパー君は、「駅員」として力が発揮できそう。じつは、日本の都市部の朝のラッシュは、世界でいちばん過酷だといわれていて、つぎからつぎへといろんなことに対応する能力が必要。大切なのは臨機応変かつスピーディーに処理していく力です。機敏に動けるハイパー君なら大丈夫でしょう。

駅員には対人力も大切です。いろんなお客さまのニーズに対して、そのペースに巻き込まれないように対応しなければなりません。朝や夜の通勤電車に乗っている人はだいたい疲れているから、対応がむずかしいときもあるかも。でも、ハイパー君のよい意味で空気を読まない力が、かえって有効かもしれません。

でも、ハイパー君は、はっきりとものをいっちゃうタイプだから、トラブル対処時にかえってお客さまの怒りに油を注いでしまうこともあるかも……。ていねいな言葉づかいを心がけることと、もし間違えてしまってもすぐにあやまることが大切だよ。つねに人に見られる仕事だから、ふるまいや立ち姿も重要です。いまから少しずつでも姿勢をシャキッとする時間を増やしていこう。

しずか君のタイプにピッタリ

窓口係

駅の窓口で切符などを販売

さまざまな切符の販売、変更、払いもどしなどが窓口の主な仕事ですが、改札・案内業務を行なうこともあります。お客さまの希望を正確に理解して、快適に駅・鉄道が利用できるようサポートします。パソコンでの事務作業もありますが、人と接する時間が長いので、清潔感や明るい笑顔も大切です。

みどりの窓口（JR西日本・茨木駅）　©Kirakirameister

先生のおすすめ

パソコンが得意なしずか君には、「窓口係」がおすすめです。駅の窓口で切符や定期券を販売する仕事です。ときには、お客さまの行きたいところや時間を聞いて、いちばんいいルートを調べることも。そのためには、自分の会社の路線についてよく知っておく必要があるし、その場でパソコンですぐ調べることもあるけど、タイピングが得意なしずか君なら大丈夫でしょう。

文字や数字が苦手なしずか君ですが、お金の計算は機械がしてくれるから、暗算をする必要はありません。だけど、大きい金額をあつかうときもあるし、領収書などを手書きするばあいもあるから、文字や数字を間違えないように、いつも見直しするくせをつけておくとよいですね。

将来、新しい機械がたくさん出てきて、そのたびにマニュアルをたくさん読まなくてはいけないかもしれません。わからなくなったときはだれかに質問する力を、いまのうちから身につけておこう。

あかりちゃんのタイプにピッタリ

清掃係(せいそうがかり)

車両や駅のおそうじを担当

車両や駅のコンコース(たくさん人が集まる場所)はもちろん、乗務員宿泊施設などの清掃を行なうこともあります。車両の清掃は、床面、座席、窓ガラス、天井、洗面所、トイレなどのそうじに、ごみ集め、忘れ物の拾得、座席のカバー交換、ときには汚物の処理もします。清潔で心地よい空間を提供するために、とても大切で、なくてはならないお仕事です。

新幹線の到着をホームで待つ清掃係たち

先生のおすすめ

あかりちゃんには、車両や駅をきれいにする「清掃」のお仕事がいいかもね。日本の鉄道は世界的にきれいと評判で、清掃の業界でも一目置かれているので、とてもやりがいのある仕事です。

鉄道会社の清掃は、決められた時間内に行なうことが求められます。そのために大事なのは、チームのメンバーと協力して、決められた仕事を計画どおりに実行していくこと。座席の向きをそろえたり、車内のごみを回収したり、役割を分担して進めていくから、ルールどおりに動けるあかりちゃんにはむいていると思います。

あかりちゃんは臨機応変に対応するのは苦手だから、予想外のことが起きたとき、はじめは慌ててしまうこともあるかもしれません。でも、基本的には決められた仕事なので、練習をしていけばきっと慣れると思います。きたない物を片付けなきゃいけないときもあるけど、人がいやがる仕事も前向きに取り組めるあかりちゃんなら、きっと大丈夫でしょう。

第1章 お仕事ガイド【鉄道】

人事部 須賀さんからの アドバイス

　みんなのあこがれの運転士ですが、残念ながら鉄道会社に入っても、すぐに運転士になれるわけではありません。運転士になるためには、駅員などの仕事を経験してから、必要な学科や実技の教習を受け、さらに「動力車操縦者運転免許」という国家資格を取得しなければならないんです。試験を受けるまでに最低でも3～5年はかかるので、道のりは遠く、狭き門だということがわかるでしょう。

　ところで、鉄道業界には、今回紹介したほかにも、いろいろな仕事があります。たとえば、社内でお客さまをサポートする車掌、定期的に線路の点検・修理を行なう保線、電車や駅に電気を流す変電所や電線を点検する電気通信、電車のダイヤをコントロールする運行管理など、さまざまな業務が「世界一」といわれる日本の鉄道を支えているのです！

　鉄道に限らず、バス、タクシー、飛行機、船など乗り物に関する仕事はほかにもたくさんあるので、調べてみるとおもしろいかもしれませんね。

調べてみよう　乗り物に関するその他のお仕事

タクシー運転手、バス運転手、バス車掌、バスガイド、トラック運転手、パイロット、客室乗務員、航空管制官、航空整備士、船舶機関士、航海士

- 年齢 20代
- 性別 男性
- 業務内容 駅員補助のアルバイト
- 得意 決まった手順の仕事
- 苦手 優先順位づけ

どんなお仕事ですか？

　ぼくは、物心ついたときからの、根っからの「鉄ちゃん」で、高校時代から4年ほど、駅ホームでの駅員補助のアルバイトをしています。
　仕事としては、社員である駅員はいろいろと忙しいので、アルバイトがさまざまな業務の穴埋めをしています。たとえば、有人改札のなかに入って精算業務をしたり、お客さまのご案内をしたり。事務所のなかで電話連絡を受けることもありますし、ホームに出てお客さま対応をすることもあります。

お仕事中、気をつけていることはありますか？

　何が起こるかわからないので、いっぺんに仕事が舞い込むと混乱することがあります。ぼくは優先順位づけが苦手なので。あとは、たとえば、あってはならないことですが、人身事故などが発生するととてもたいへんです。だいぶいろんな経験をしてきたと思います。

お仕事のやりがいは何ですか？

　やはりお客さまから感謝をされることです。たとえば、車椅子のお客さまの対応をして、笑顔でありがとうといわれると、とてもうれしいです。仕事に集中できればぼくは安心するので、1対1の細やかなお客さま対応は得意だと思います。この仕事をしていてよかったと思う瞬間です。
　この本を読んでいる子どもたちのなかには、鉄道ファンも多いと思いますが、はっきりいってたいへんなことの方が多いです。つらいこともあるし、へこむこともあります。けれど、やっぱりお客さまの笑顔を見るとたいへんな気持ちがふきとぶので、駅員をめざしている人にはがんばってほしいなと思います。

物を売るお仕事

てつお君のタイプにピッタリ
家電量販店の販売員

電気屋さんで商品を売る

担当している製品についてお客さまに説明して、購入まで結びつけます。家電の最新情報にアンテナをはり、幅広い製品の特徴や使い方をよく知っていなければなりません。商品に興味があり、商品のよさをお客さまにアピールすることが得意であれば、日々やりがいを感じられる仕事です。

●家電のことがよくわかる雑誌

雑誌名	分野
『家電批評』（晋遊舎）	比較批評・家電製品
『特選街』（マキノ出版）	デジタル・AV機器
『HiVi』（ステレオサウンド）	オーディオ・AV機器
『MONOQLO』（晋遊舎）	比較批評・アイテム
『Get Navi』（学研パブリッシング）	デジタル・家電製品
『ラジオライフ』（三才ブックス）	電気・無線・通信
『パソコン完全ガイド』（晋遊舎）	パソコン・デジタル製品
『日経ベストPC+デジタル』（日経BP社）	パソコン・デジタル製品

先生のおすすめ

てつお君は、電車の写真を撮るカメラにくわしいでしょう？知識が豊富なてつお君には「家電量販店の販売員」の仕事がおすすめです。

だけど、ときには自分の専門外のことについて、お客さまが質問してくることもあります。それに、自分が自信を持っておすすめした商品を、お客さまが買ってくれないこともあります。そんなばあいでも、冷たくつきはなしたり、失礼な対応をしてはいけません。どんなお客さまにもていねいに接し、困ったら、かならず上司や先輩に報告・相談しましょう。

販売員になるためには、人に説明する能力を鍛えるといいと思うよ。てつお君は英語が得意なので英語の勉強で困っている友だちに、積極的に教えて説明する力を養おう。一方的にしゃべるのはダメだよ。相手がちゃんとわかっているか確認し、言葉づかいにも気をつけながら教えてあげてね。

こころちゃんのタイプにピッタリ

フローリスト

お花屋さんでお花を売る

お花屋さんで、花の仕入れから管理、店頭での販売、花束やフラワーアレンジメントの制作、配達など、幅広い仕事をこなします。とくに資格などは必要ありませんが、お花の種類や管理の方法など、覚えておかなければならないことはたくさんあります。専門学校や大学で植物や園芸などの知識を学んでおくと、役に立つでしょう。

店内の商品ディスプレイをするフローリスト
写真提供：花・マリアージュ

 先生のおすすめ

お花が好きなこころちゃんは、「フローリスト」がいいと思うわ。ギフト用の花束や、結婚式会場などを飾るフラワーアレンジメントをつくることが多いので、きれいなものが大好きなこころちゃんのセンスがいかせて、お客さまにも喜んでもらえそう。
　お花を切ったり、リボンを結んだり、細かい仕事が多いので、うっかり指を切ったり、けがをしないように気をつけてね。優雅なイメージがあるお花屋さんだけど、立ち仕事でお花の管理や接客をしなくちゃならないし、朝早くから市場でお花を仕入れたり、配達で重たい鉢植えを運んだりと、想像以上に重労働で体力が必要です。
　母の日、クリスマスやバレンタインなどは、お客さまがひっきりなしに来るのでお店は大忙し。のんびり屋さんのこころちゃんは、おつりの計算や伝票の管理などでミスをしないように気をつけなくちゃね。もし興味があるなら、お花屋さんでアルバイトを体験してみるのもいいかもしれません。

ハイパー君のタイプにピッタリ
訪問営業係

お客さまを訪問し商談を行なう

個人宅や会社に直接訪問したりして、商品を売り込むのが主なお仕事です。代表的な商品として、車や金融商品、保険などがあります。住宅の新規契約をとるだけではなく、変更や更新の手続きを行なったり、新しい商品を提案しに行くこともあります。迷惑がられたり断られることも多く強い精神力が必要ですが、ノルマや目標を達成できれば、やりがいを感じられる仕事です。

個人宅へ訪問販売に訪れた営業係

ハイパー君は、実際にお客さまのもとに商談をしに行く、「訪問営業」が合っているんじゃないかな。
　訪問営業では、すぐお客さまのところへかけつける行動力が重要。たくさんのお客さまのところへ行かなくちゃいけないけど、ハイパー君は行動力がバツグンだから大丈夫。友だちも多くて、おしゃべりも得意なハイパー君は、きっと営業トークはお手のものね。ただ、営業は身だしなみも大切。会社の代表として訪問するのだから、だらしなかったり不潔だったり印象が悪いと、会社のイメージダウンにもつながってしまいます。
　また、訪問営業で大切なのは、うまくいかなくてもへこまないタフな心を持つこと！「断られるのは当たり前！ OKがもらえたらラッキー」くらいの気持ちでどんどん攻めていく気持ちが大切よ。いやなことがあってもすぐに切り替える練習をしていけるといいかもね。

しずか君のタイプにピッタリ

インターネットのカスタマーサポート係

メールや電話でお客さまの相談に対応

　インターネットに関する、お客さまからの問い合わせの電話やメールに対応する仕事です。インターネットのトラブルへの対応には、パソコンだけではなく、アプリの操作方法などの周辺機器を含めた幅広い知識が必要です。企業や商品の評価にもつながる仕事なので、どんな質問にも冷静に対応する力と、社会人としてのマナーを身につけておかなければなりません。

お客さまからの問い合わせに対応している

先生のおすすめ

　しずか君はインターネットやパソコンを使いこなすのが得意だよね。タイピングも速くて調べるのも速いから、「インターネットのカスタマーサポート」がおすすめです。

　営業というと、実際にお客さまに物を売るイメージがあると思うけど、物だけが商品ではありません。電話やメールなどで、会社の商品に関する質問や苦情に対応するサービスも商品の一つです。

　カスタマーサポートという仕事は、お客さまが何に困っているのかを聞き出すコミュニケーション力も必要です。しずか君は人に話しかけるのは苦手かもしれないけど、人の話を聞くのは得意だよね。それに、多くの会社ではお客さまからのいろいろな問い合わせを想定した回答マニュアルを準備しています。事前研修もあるので、落ち着いて対応すれば大丈夫。ていねいな言葉づかいを心がけ、電話応対のマナーも身につけておくといいでしょう。

あかりちゃんのタイプにピッタリ

商品のルート営業係

取引先に商品を届ける

「ルート営業」とは、すでに取引のある企業やメーカー、個人宅などをまわり、商品を届けたり、新しい商品を紹介する営業の仕事です。清涼飲料水や保険、置き薬など、さまざまな商品をあつかいます。「○○さんが来てくれるのが楽しみ」と思ってもらえるように仲良くなれるような、人づきあいが得意な人にむいています。

清涼飲料水の宅配販売を行なう女性スタッフ　©Jim Epler

先生のおすすめ

元気で明るいあかりちゃんは「商品のルート営業」がいいと思うわ。街で制服を着た女性が、自転車に飲み物をたくさん積んでいるのを見たことないかしら。あれは、取引している相手の自宅や会社に飲み物を届けに行くのよ。決められた場所をまわって商品を届けるのが主な仕事だから、変化が苦手なあかりちゃんにおすすめ。

はじめて届けに行くときは不安かもしれないけど、相手がだれでも基本的にはおなじ手順でやればいいから、最初の練習をしっかりやれば大丈夫よ。先輩の話をよく聞いて、仕事の手順を覚えようね。

大切なのはお金の管理です。おつりの計算や出し方など、お金のあつかい方を覚えようね。お母さんと一緒に買い物に行って練習をしておこう！

営業部 大山さんからのアドバイス

　会社というのは、商品を売ったり買ったりする「取引」によって成り立っています。商品には物だけでなくサービスも含まれているので、どんな会社にも営業の仕事があります。取引がうまく行けば会社がもうかるので、営業はまさに「ビジネスの最前線」を担う仕事なのです。

　ひと口に営業といっても、いくつかの種類があります。たとえば、自分の会社であつかっている商品を必要とする会社へ売り込み契約をとる「法人営業」、個人宅を訪問し保険や住宅などの商品を販売する「個人営業」、旅行代理店や住宅展示場などのお店に来られたお客さまに対して商品を紹介する「カウンターセールス（内勤営業）」などが代表的です。

　コミュニケーション力が必要な仕事で、契約が思うようにとれず悔しい思いをすることもありますが、大きな契約がとれたときや、お客さまに商品を満足してもらえたときの喜びはひとしおです。

営業・販売に関するその他のお仕事

医薬情報担当者（MR）、技術営業（セールスエンジニア）、登録販売者、ファッションアドバイザー、シューフィッター

先輩の声

- 年齢 40代
- 性別 男性
- 業務内容 ゲームカードショップの店員
- 得意 人当たりのよい対応
- 苦手 忙しいときにあせってミスをしてしまう

どんなお仕事ですか？

ゲームカードショップの店員を、20代のころから10年弱くらい続けていました。ぼくにとってはじめての仕事でした。最初はアルバイトからはじめて、のちに社員になりました。主な仕事は、接客はもちろんですが、それ以外だと、中古のカードの買い取りなどもしていました。査定をしないといけないので、ほかの店員でくわしい人に聞いたり、ネットで相場を調べたりなどしていました。

お仕事中、気をつけていることはありますか？

覚えていないだけかもしれませんが、そんなにたいへんだったことはありませんでした。接客業なので、いろんなお客さまがいらっしゃるし、なかにはむりなこと、対応ができないことを要求してくるお客さまもいましたが、自分だけで対応しようとせずにチームで対処をしていました。店舗の縮小にともなって退職しましたが、仕事があれば続けていたかもしれません。1日10時間は働いていたので、体力的にはたいへんだったけれど、仕事自体はとてもおもしろかったです。

お仕事のやりがいは何ですか？

カードショップなので、最新の海外のカードも見られるし、国内のカードもいろいろ入荷してくるので、とても楽しく仕事ができました。それに、趣味嗜好が似ている人が同僚なので、仲良くなりやすい環境です。もうその店はありませんが、いまでも当時のメンバーとは友人です。

いまから考えると、好きなことだからできていたんだなぁと思います。自分がミスをしてもカバーをしてくれたり、ほかの人がミスをしたら自分がカバーしたり。ちょっと変わった人が多くて、みんな個性が強くておもしろかったです。

喫茶店・レストランなどの

てつお君のタイプにピッタリ

バリスタ・ソムリエ

コーヒーもしくはワインの専門家

【バリスタ】コーヒーについて熟知し、喫茶店やレストランなどでお客さまに最高のコーヒーを提供するスペシャリスト。人と接する仕事なので、高い接客技術も求められます。

【ソムリエ】レストランなどで、オーダーした料理や、お客さまの嗜好、予算などを考慮して、もっともよく合うワインを選びすすめるのがソムリエの仕事。ワインだけでなく、料理に関しても幅広い知識が必要です。

日本ソムリエ協会が発行する「ソムリエ」資格認定バッジ
＊日本ではソムリエになるのに特別な免許や資格は必要ないが、「日本ソムリエ協会」と「全日本ソムリエ連盟」が認定する民間のソムリエ資格がある。

写真提供：日本ソムリエ協会

先生のおすすめ

てつお君は「バリスタ」や「ソムリエ」なんてどうかしら。コーヒーもワインも種類がたくさんあるし、どんどん新しいものが出てくるから、日々勉強することが欠かせないの。夢中になると、とことん調べつくすてつお君の勉強熱心さが、きっといかせるわ。

でも、ときにはよっぱらったお客さまや無茶をいうお客さまもいるから、その対応はたいへんよ。いくらいやなことをいわれてもけっして嫌味をいったり、冷たくあしらってはいけません。それから、お店によってはざわざわしていて、お客さまの声が聞き取りにくかったり、注文を間違えちゃうこともあるかもしれないので、かならず復唱して確認するくせをつけましょう。

接客の仕事でもっとも大事なのは「お客さまに満足してもらう」こと。いくらお客さまにとってよい情報でも、一方的に話してしまうと、相手は聞く気がなくなります。自分が話したら、かならず相手の反応を確かめ、相手がどんな情報を求めているか、満足しているかを意識しながら話そうね。

こころちゃんのタイプにピッタリ

キッチンスタッフ（調理）

キッチンで調理を担当

　キッチンスタッフは、レストランやカフェのチェーン店などで、シェフの指示のもと、材料の下ごしらえ・調理・盛りつけ・使用ずみの食器の洗浄などといった仕事を担当します。決められた料理を決められたマニュアル、手順にそって、手際よく作業していく力が求められます。

　また、調理師の基本的な仕事は食材を調理することですが、一人前にあつかわれるようになると調理以外の部分も担当します。たとえば食材の仕入れや新メニューの開発、店舗の衛生管理などです。店によっては売上管理やコスト計算まで担当することもあり、料理に関するすべてを任されるようになります。

●どんな場所で働くか

ホテル	旅館
レストラン	カフェ
飲食店	結婚式場
企業	食品系企業の開発部門
ケータリングサービス（お客さまの指定する場所に行って食事を提供する）	
惣菜専門店	学校の給食室
病院・福祉施設の調理場など	

先生のおすすめ

　こころちゃんは「キッチンスタッフ」がいいと思うわ。いろいろなお店がたくさんあるけど、できれば決められたメニューをマニュアルどおりに手順を守ってつくることが求められるようなチェーン店がいいわね。お料理を温めるだけというメニューもあるから、慣れないうちは、そういったところで修業しましょう。

　一度にたくさんのことをこなすのが苦手なこころちゃんは、お昼どきなど、つぎからつぎに注文が来るから慌てたりあせったりして混乱してしまうかも。忙しいときでもいわれたことを忘れないようにメモするとか、工夫が大切ね。

　こころちゃんは家でごはんをつくったことあるかしら？　お母さんはお家でごはんをつくるときも、カレーを煮込んでいるあいだにサラダをつくるとか、つねに優先順位を考えて料理しているのよ。いまから積極的にお手伝いをして、何をいつすればいいのか、優先順位を考える練習をしておきましょう。

ハイパー君のタイプにピッタリ

デリバリースタッフ

家庭やオフィスに食事を届ける

家庭やオフィスへ、ピザ、お寿司などの食事を宅配する仕事です。バイクや車などで品物を届け、代金を受け取る仕事なので簡単そうに思えますが、天候・場所にかかわらずスピーディーに配達しなければならないので、素早く動ける行動力が必要。方向音痴な人や、臨機応変な対応ができない人には、むかない仕事です。

バイクが傾いてもラーメンやそばの汁がこぼれない画期的な出前品運搬機

©Bert2332

先生のおすすめ

シャキシャキ動くことができるハイパー君は「デリバリー」のお仕事がおすすめです。お料理はぐずぐずしていると、すぐに冷めてしまうから、できるだけ早くお客さまのもとに届けたいよね。ハイパー君は体育の授業でもまっさきに着替えて体育館に行くでしょう？　デリバリーのお仕事はその行動の速さが大切なの。

でも、食べ物は乱暴にあつかうと、ぐちゃぐちゃ崩れてしまいます。料理は見た目も大事だから、ていねいにあつかうことが大切よ。お客さまへの言葉づかいにも気をつけてね。

デリバリーの仕事には原付やバイク、車の運転免許が必要です。安全に運ばなければならないので、事故歴があったりすると雇ってくれないばあいもあります。ハイパー君はこのあいだ、ろうかを走って友だちとぶつかったでしょう？　行動する前にまわりを見て、安全確認を心がけようね。

しずか君のタイプにピッタリ

ホールスタッフ

レストランでお客さまをもてなす

レストランやカフェ、居酒屋などの飲食店でお客さまのオーダーをとったり、できあがった料理を運ぶのが、ホールスタッフの主な仕事です。ほかに店内のそうじや、レジ業務などを行なうばあいもあります。お客さまと接する仕事なので、清潔感のある身だしなみや笑顔、ていねいな対応などが求められます。

カフェで働くホールスタッフ

 **先生のおすすめ**

しずか君は学校の授業でもまじめに先生の話を聞いて、質問にもきちんと答えてくれるでしょう?「ホールスタッフ」はお客さまとのコミュニケーションが大切。聞き上手なしずか君なら、気持ちのよい接客ができるんじゃないかな。

ただ、しずか君は文字や数字が苦手だから、レジを打つときには注意が必要ね。いまはバーコードを読み取るだけの機械も多くなってきているけど、領収書などを手書きすることもあるので、そういうときは間違えないように慎重に作業することが大切です。

また、お店によって新しいメニューがつぎつぎと出てきたり、マニュアルが変更されることもあります。メニューについては実物を見て、業務についてはほかのスタッフさんの働いているようすを参考にしながら、覚えていけるといいわね。

あかりちゃんのタイプにピッタリ
工場の食品製造係

工場でパンや菓子などをつくる

パンやアイスクリーム、菓子などの食品を工場で製造するお仕事です。コンビニの惣菜の盛りつけ、ファミレスの調理で使う食材のパック詰めなどを行なうなど、つくる製品によって業務内容は違います。基本的にはベルトコンベアの隣に立ち、材料の洗浄、加工、調理、包装、検査、出荷などを行なうライン作業（流れ作業）が中心です。

工場内で行なわれる食材のパック詰め作業

先生のおすすめ

「工場の食品製造」は、多くのばあい流れ作業で単純作業が多いから、一度覚えたらイレギュラーな仕事をすることはほとんどありません。女性が多い職場だから、あかりちゃんも楽しく仕事ができると思うな。楽しいと、ついついみんなとおしゃべりしたくなっちゃうかもしれないけど、仕事中はおしゃべりはやめて業務に集中しようね。

食品製造は清潔感・衛生管理が大事なポイント。機械が食品をつくってくれることがほとんどだけど、食品にごみなどがついていないかチェックするのは人間の仕事。だから仕事場に入るときは手洗い・うがいはもちろんのこと、髪の毛が出ないように作業帽子をしっかりかぶります。自分で髪を結んだりシャツのすそをしまったりなどして、いまから身だしなみへの意識を持てるととってもいいわね。

レストラン店長 飯田さんからのアドバイス

　レストランやカフェなど飲食店の仕事は、お客さまの案内・オーダー・配膳（料理を運ぶ）・レジなどの仕事を担当する「ホール」と、材料の下ごしらえ・調理・盛りつけ・食器洗いなどを担当する「キッチン」の仕事に分けられます。
　本格的にシェフをめざすなら、調理師などの免許はあった方がいいのですが、とくに資格がなくても飲食店の仕事をすることは可能です。興味があるなら、まずは、近くのお店でアルバイトをしてみるのがおすすめ！　そのうえで、飲食業界のプロフェッショナルにチャレンジしたくなったら、仕事の知識やスキルを磨くことができる専門学校に通ったり、関連する資格をとってみるのが早道です。
　それから、レストラン以外にも、調理や食に関係する仕事があります。学校や会社の給食などをつくる栄養士、メニュー・食品の開発や、テレビや雑誌などで食べ物を撮影するときの演出などを行なうフードコーディネーターなどが、食のプロとして活躍しているんだよ。

調べてみよう：食品サービスに関するその他のお仕事

調理師、管理栄養士、パティシエ、ショコラティエ、パン職人、和菓子職人、バーテンダー、料理研究家、料理教室の先生

先輩の声

年齢	20代
性別	男性
業務内容	中華料理店のホールスタッフ
得意	ゆっくりでも確実に仕事ができる
苦手	融通がきかないことがある

どんなお仕事ですか？

ぼくはホールを担当しています。きっかけは、学校の先輩の紹介です。30人お客さまがいらしたらいっぱいになる小さなお店で、オーナーが厨房担当、ぼくがホール担当です。注文をとって厨房に伝えることはもちろん、配膳もするし、レジもするし、時にはごはんを炊いたり、サラダをつくったり、簡単な調理もしています。

お仕事中、気をつけていることはありますか？

店がいちばん混むのは夜の7時から8時で、その時間は本当に息をつくひまもありません。はじめのころは、失敗も多くてたいへんでした。でも、慣れていくうちに、少しずつできるようになってきたんです。最初のころはメニューをいちいち見ないと値段がわからなかったのですが、いまは覚えています。

ぼくは、その場に合わせてふるまいを変えるとか、状況を察することが苦手なのですが、オーナーがその都度教えてくれます。いまがお皿を下げるタイミングだとか、注文をとるタイミングだとか。一度いわれたことは、おなじことをくり返さないようにがんばっていたら、少しずつできるようになりました。

お仕事のやりがいは何ですか？

この仕事のいちばんの楽しみは、正直にいうとまかない（従業員のために提供される食事）です。とってもおいしくて、まかないのために仕事をしているといってもいいくらいです（笑）。仕事が終わると、オーナーがつくってくれるんです。オーナーがとてもよい方で、その方に信頼してもらえているからこそ、続けられていると思います。

てつお君のタイプにピッタリ

マーチャンダイザー

仕入れから販売までを企画する仕事

調査をもとに商品を企画し、予算を確保し、販売戦略を立てるのがマーチャンダイザー（MD）のお仕事です。まずは、どんな商品が売れるのかを調べたり、お店の売上を比較・分析したりして、お客さまのニーズや世間のブームを参考に商品を企画します。そして、値段を決め、お店で売る商品の計画を立てます。アパレルメーカーのほか、繊維会社、サンプルメーカー、ファッション企画メーカー、デパートやスーパーなどに勤務します。プロダクト・マネジャーと呼ばれることもあります。

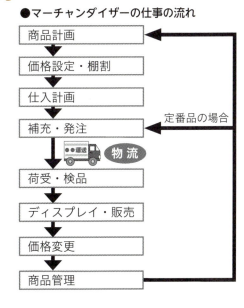

●マーチャンダイザーの仕事の流れ

商品計画 → 価格設定・棚割 → 仕入計画 → 補充・発注（定番品の場合）→ 荷受・検品 → ディスプレイ・販売 → 価格変更 → 商品管理

先生のおすすめ

ファッション業界とは縁がなさそうなてつお君だけど、情報収集して分析することや、数学が得意なので、「マーチャンダイザー」としてなら戦力になると思います。けれどマーチャンダイザーは、その会社の売上を左右する重要なお仕事なので、希望してもすぐになれるわけではありません。販売や、商品の仕入れを担当するバイヤーなど、現場で経験を積んでからなるのが一般的です。
　いずれにしても、ファッションに対する興味と深い知識が必要です。もし、マーチャンダイザーの仕事に興味があるならば、いまのうちからファッション用語を覚えたり、洋服の種類や構造を知っておくと役立つかも。

こころちゃんのタイプにピッタリ

デザイナー・テキスタイルデザイナー

洋服や生地の企画デザインを行なう

【デザイナー】衣服などを企画・デザインします。デザイン画やファッション画の作成、製品企画の立案から、実際の製品化まで、幅広い業務をこなす力が求められます。

【テキスタイルデザイナー】生地（テキスタイル）の織り方や染め方、色や柄などをデザインします。洋服だけでなく着物、スカーフや帽子、カーテン、じゅうたんなどもデザインします。

●世界的に有名な日本人デザイナーとブランド名

デザイナー	ブランド名
高田賢三	KENZO
森英恵	ハナエモリ
三宅一生	イッセイミヤケ
山本寛斎	カンサイヤマモト
鳥居ユキ	ユキトリイ・インターナショナル
芦田淳	ジュンアシダ
コシノジュンコ	ジュンココシノ
川久保玲	コムデギャルソン
山本耀司	ヨウジヤマモト
島田順子	ジュンコシマダ

 **先生のおすすめ**

こころちゃんはお絵描きが得意でしょう？ すてきな絵を描くこころちゃんのセンスをいかせる「デザイナー」はどうかしら。

デザイナーになるには、まずアパレルメーカーなどの、プロのデザイナーのもとで、アシスタントして働くのが一般的です。制作の現場では先輩の指示に従い、細やかに行動することが大切。こころちゃんはおっとりしているから、頼まれた仕事に抜けがないようにメモをとるとよいかもね。

デザイナーはデザインするだけではなく、生地・素材・型紙・縫製などさまざまな知識が必要です。デザイナー志望の人は、専門学校や大学の服飾学部などに通うことが多いみたいよ。あと、世の中の流行やニーズをつかむ力も重要。流行をキャッチできる感覚を養えるようファッション雑誌を読んだり、友だちやあこがれのタレントさんがどんな洋服を着ているのか参考にしながら、おしゃれを楽しんでね。

ハイパー君のタイプにピッタリ

プレス

商品やブランドをPRする仕事

アパレルメーカーのプレスは、商品やブランドイメージを宣伝する仕事です。マスコミに商品の情報を発信したり、広告を企画したり、商品発表会を運営したり、ブランドの顔として幅広い業務をこなします。コミュニケーション力はもちろん、商品に対する知識や企画力・発信力が必要。ときには自ら雑誌などに登場して、商品の紹介をすることもあります。華やかな仕事で、アパレル業界でもトップクラスの人気です。

●プレスに求められるスキル

- 語学力
- 人脈力
- 高いコミュニケーション力
- マーケティングに関する知識
- 個性的なファッションセンス

 先生のおすすめ

ハイパー君は人見知りをしないで、だれとでもお話ができるでしょう？「プレス」のお仕事では、たくさんの人とお話をし、自社の商品をアピールする「プレゼン力」が、とても大切。表現力豊かなハイパー君なら、きっとできると思うな。

たくさんの人とつきあうお仕事だから、なかにはウマの合わない人がいるかもしれないけど、すぐにけんかしてはだめよ。仕事では、自分が間違っていなくても相手を怒らせてしまったら、まずは「失礼しました」とあやまる姿勢が大切。そしてかならず先輩や上司に報告・相談すること。きっといいアドバイスをくれるでしょう。

もし、プレスをめざすなら、ファッション雑誌をたくさん読んで洋服・靴・帽子・雑貨などに関する知識をたくわえておこう。

しずか君のタイプにピッタリ

パタンナー

洋服などの型紙をつくる仕事

洋服などは立体物ですが、企画段階でデザイナーが描くデザイン画は平面図です。そのデザイン画をもとに、パソコン（アパレルCAD）などで、立体の洋服をつくるために必要な型紙（パターン）を作成するのがパタンナーの仕事です。パタンナーは、生地のカットの仕方、縫製の方法などの専門知識を駆使して、型紙を作成します。地道でコツコツとした作業や、納期までに仕上げるということが苦にならない人は、パタンナーにむいています。

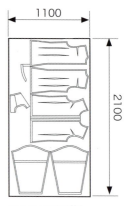

ワイシャツの型紙

先生のおすすめ

最近では、パソコンを使って型紙をつくることが多いから、パソコンが得意なしずか君にもできるんじゃないかな。

「パタンナー」の仕事でいちばん大切なのは、デザイナーとのチームワークです。デザインの意図を読み取り、デザイナーのイメージを型紙に起こしていかなくちゃなりません。しずか君はお友だちも多いし、みんなから信頼されているから心配いらない気がします。

いくらチームワークが大事だからといって、何でも引き受けてはだめよ。しずか君は押しに弱いところがあるから、自分ができないことはきちんと「できません」と伝えないと、むりして身体を壊してしまうかもしれません。それで作業が遅れると、ほかの人にも迷惑をかけてしまいます。

また、型紙をつくるには人の身体にフィットするように緻密なサイズ調整をする必要があるわ。でも、そこで重要なのは計算をする力だけではなくて、着る人のシルエットをイメージする力。どんな人にどんな服が合うのか、日ごろからじっくり観察してみるといいかもしれません。

あかりちゃんのタイプにピッタリ

バックヤード係

倉庫などで商品の検品や管理を行なう

洋服や靴などの商品がストックしてある倉庫や、レジ裏のストックルームと呼ばれる場所で、主に納品・検品作業、在庫管理、タグづけなどを行ないます。セール商品の値札づけなどを行なうこともあります。ショップ店員のような接客はありませんが、お洋服やおしゃれが好きな人には楽しいお仕事です。

たくさんの在庫が並ぶ倉庫

先生のおすすめ

あかりちゃんは、デパートや大きなお店の「バックヤード」の仕事がよいと思うわ。お店に出ることはほとんどないから、イレギュラーな対応をする必要が少なく、安心して仕事ができると思います。

心配なのは忙しい職場が多いことかな。バックヤードのスタッフを募集しているところは「仕事の量が多い」ということだから、あつかう商品の数も多く、一日中立ちっぱなしということも多くあります。

在庫管理もたいへんです。倉庫にはいろんな種類の洋服がたくさんあるから、つねに整理整頓をしなくてはいけません。

あかりちゃんの部屋はきれいかな？ 読んだ本が床に置きっぱなしになっていませんか。いまのうちから出したものはもとにあった場所にしまうことを心がけていきましょう。洗濯物干し・取り込みなど、お家のお手伝いもしっかりしておくと、きっと役に立つと思います。

デザイナー服部さんからのアドバイス

　アパレル業界の仕事は、毎日かわいいものに囲まれて仕事ができるし、自社ブランドの製品は安く買えたりするので、おしゃれに興味がある人におすすめ！

　アパレルでは洋服だけじゃなく、靴、鞄、帽子、アクセサリーなどの商品を製造・販売していて、製造する工程にも、たくさんの作業があります。大きなメーカーでは、デザイナーやパタンナー以外にも、グレーダー（型紙をサイズに応じた数字に調整する人）やソーイングスタッフ（商品の裁縫を手がける人）などいろいろなスペシャリストが働いているんですよ。

　販売する仕事にも、アパレル店員のほか、お客さまにアドバイスを行なうファッションアドバイザー、靴を選ぶ専門家のシューフィッターなど、いくつかの職業があります。就職したい分野やメーカーにはどんな職業があるのか調べてみてね。

　スペシャリストをめざすならファッション関係の学校に行ったり、販売士などの資格を取得する方法もありますが、特別なスキルがなくてもアパレルで働くことはできます。好きなブランドのお店のアルバイトから店長になる人もいるので、チャンスはあります！

アパレル業界に関するその他のお仕事

ソーイングスタッフ、グレーダー、マーカー、ファッションコーディネーター、物流管理バイヤー、リフォーマー、モデル

- **年齢** 20代
- **性別** 男性
- **業務内容** アパレルショップのバックヤード業務
- **得意** 指示されたことを一つひとつ行なうこと
- **苦手** いわれたことを覚えておくこと

どんなお仕事ですか？

　ぼくが働いているのは、ヨーロッパに本社がある外資系のアパレルブランドです。ぼくは、そこで主にバックヤード業務を担当しています。
　具体的には、店舗にはストックルームという在庫を管理する倉庫のようなものがあるので、そこで商品を店に出す準備をしたり、戻ってきた商品をストック棚に戻したりするのがメインの業務です。

お仕事中、気をつけていることはありますか？

　洋服だけではなくて、靴もあるし、アクセサリーもあるし、とにかく商品の種類は多いです。働きはじめたころは、商品の数も多いし、慣れないこともあってたいへんでしたが、だんだん慣れてきました。それでも、商品がたくさんあって、覚えきれません。商品にはかならず型番がついているのですが、それをなるべくたくさん覚えて、素早くストックの整理ができるようになりたいです。

お仕事のやりがいは何ですか？

　いま、働いていてとてもうれしいなと思うのは、もちろん給与が得られるというのもありますが、いちばんは上司の方がとてもよい方だということです。一つひとつ指示をわかりやすく出してくれるので安心します。
　また、ブランドのことも好きになってきました。うちの店は、品ぞろえもいいし、店頭に出ているみなさんもいきいきと働けていると思います。今後のぼくの目標としては、新人の方が入ってきたときに、自分もいろいろ教えられるようになることです。

テレビ・ラジオのお仕事

てつお君のタイプにピッタリ

放送作家

番組の企画&台本を考える

番組の企画を立てたり、キャスティングを考えたり、台本を書くのが放送作家のお仕事。全体の構成を考えるので、「構成作家」と呼ばれることもあります。ワイドショー、バラエティー、ドキュメンタリー、音楽番組などさまざまなジャンルの番組を企画しますが、ほとんどの放送作家は自分の得意分野を持って仕事をしています。

●著名な日本の放送作家と代表作

放送作家名	代表作
高須光聖	「ダウンタウンのガキの使いやあらへんで!!」
鈴木おさむ	「SMAP×SMAP」
秋元康	「夕やけニャンニャン」
高田文夫	「ビートたけしのオールナイトニッポン」
井上ひさし	「ひょっこりひょうたん島」

てつお君は情報を集めて楽しく構成する力が高いから、「放送作家」の適性があるんじゃないかな。

ただ、放送作家は、自分の好きなことだけ自由に書いていればいいわけではなく、視聴者に楽しんでもらう視点も大切。てつお君がいくら「おもしろい」と思っていても、そのおもしろさが番組のプロデューサー（テレビ番組やラジオ番組の制作全体を統括する人）に伝わらなければ採用してもらえません。自信を持って出した企画がボツになったり、「ここを変えて」とリクエストされることも日常茶飯事よ。おもしろい番組をつくっていくためには、人の意見を受け入れる柔軟性も必要です。

てつお君はテレビやラジオで好きな番組があるかな？ 好きな番組に投稿しているうちにおもしろさやアイデアが認められて、放送作家になった人もめずらしくありません。ふだんから自分が得意とするジャンルにアンテナをはり、ネタを考えてみよう。

こころちゃんのタイプにピッタリ

メイクアップアーティスト

タレントさんなどのメイクを行なう

テレビのほか、雑誌、映画、ファッションショー、舞台、ブライダルサロンなどで、季節やテーマ、出演者の個性や服装を考慮してメイクを行なうのが、メイクアップアーティストの仕事。専門プロダクション、エステティックサロン、化粧品メーカーなどで働くほか、フリーで活躍している人もいます。

植村秀さん、藤原美智子さんなど、有名になってテレビや雑誌でメイクのアドバイスをしたり、自分のブランドを立ち上げる人もいます。

モデルの目にアイラインをひくメイクアップアーティスト

 先生のおすすめ

おしゃれなこころちゃんは「メイクアップアーティスト」にむいていると思うな。こころちゃんは絵を描くのが得意でセンスがあるし、人の話を聞くのもじょうずだから、メイクの技術を磨けばたくさん仕事が入るんじゃないかな。

ただテレビ局はだいたいスケジュールがタイトだから、決められた時間内にメイクを終わらせなくちゃなりません。とくにテレビ局などの忙しい現場でダラダラしていると、みんなの足をひっぱってしまうので、段取りよくテキパキ仕事をこなしていく練習が必要です。

つねに人と接する仕事なので、清潔感と美意識も大切よ。こころちゃんはお家を出る前にちゃんと鏡を見て身だしなみを整えてる？　メイクさんがだらしないかっこうをしていると、「この人で大丈夫かな？」って思われてしまうよね。外に出かけるときはまず鏡でチェックして、きちんと身だしなみを整えましょう。メイクについて専門的に学べる学校や教室もあるから、調べてみるといいかも。

ハイパー君のタイプにピッタリ

お笑い芸人

ネタや芸で人を笑わせるお仕事

テレビやラジオ・雑誌・インターネット、舞台など、さまざまな場所で、人びとを笑わせるのがお笑い芸人のお仕事です。表舞台で活躍できる人はひと握りで、アルバイトで生活費を稼いだり、長い下積みを経験する人がほとんど。続けていくためには、強い意志とハングリー精神が必要です。有名になると、情報番組やクイズ番組の司会やコメンテーターとしてレギュラーでテレビに出演したり、ドラマや映画などのお仕事をしている人もいます。

マルセル・マルソー（フランス）。世界的なパントマイム・アーティスト

先生のおすすめ

楽しいことが大好きなハイパー君。休み時間になるとハイパー君のまわりにはいつもお友だちが集まって、楽しそうに笑っているよね。ズバリ「お笑い芸人」はどう？　芸人は身体をはる場面が多いし、ハードスケジュールをこなさなくちゃいけないけど、体力のあるハイパー君なら「任せとけ」って感じだよね。

ただし、プロへの道はきびしいです。ネタがうけないときもあるし、オーディションに落ちることもあるでしょう。そんなときも自暴自棄になったり、まわりの人のせいにしてはいけないよ。つぎの機会のために、どこがいけなかったのか考えて、前むきに取り組むひたむきさが必要。

学校の文化祭や発表会には積極的に参加して場数を踏もう。真剣にお笑い芸人をめざすことを決意できたら、プロになるためのお笑い養成所に行ったり、オーディションにチャレンジしてみると腕を磨くことができるわよ。

しずか君のタイプにピッタリ

映像クリエイター

テレビ番組やCMなどの映像を制作

映像制作プロダクションやテレビ局、広告代理店などに所属し、テレビのほか、映画、アニメ、ゲーム、ミュージックビデオなどの映像を制作します。まずはクライアントと打ち合わせを行ない、シナリオや絵コンテをつくり、企画を提案します。企画にOKが出たら、映像の撮影を担当するカメラマンやCG（コンピューターグラフィックス）部分を制作するデザイナーなどと連携しながら制作します。小さなオフィスだとすべてを一人で担当することもあるようです。

仕事をするうえで特別な資格や免許は必要ありませんが、編集の際に使用する機材の種類や使い方を学んだり、CGの技術を身につけるために専門学校などに通う人もいます。

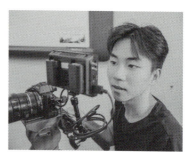

撮影した映像をモニタリングしている

先生のおすすめ

コツコツタイプのしずか君には「映像クリエイター」がおすすめかな。いろんなジャンルがあるけど、しずか君はパソコンが得意なのでCG専門の映像クリエイターがいいかもね。

ほとんどのばあい、まずはアシスタントとして、仕事の流れを覚えます。忙しい現場だと殺気立っているし、きびしい先輩もいるかもしれないわ。たとえ怒鳴られても気分転換をして切り替える練習をしておくこと。まじめに作業できるしずか君なら、きっとまわりが助けてくれます。

不規則な生活が当たり前の業界なので、体調管理も注意が必要な仕事です。まずはパソコンに動画編集ソフトを入れて、自分で撮った動画を編集してみることをおすすめします。このお仕事の魅力を知ることができると思うわ。

あかりちゃんのタイプにピッタリ

小道具係（こどうぐがかり）

番組などで使う小物をそろえる

映画やテレビ、舞台などで使う小物を借りてきたり、買ってきたり、ときには自分でつくったりしてそろえるのが、小道具の主な仕事です。大道具、衣装などとまとめて「美術スタッフ」と呼ばれることもあります。道具をそろえるだけでなく、きれいに見えるように管理や設置をし、本番に立ち会いながら臨機応変に位置を変えたり、ときには細工をしたりして、制作をサポートします。

アメリカのテレビシリーズ「マンスターズ」で使われた非常に凝った小道具

先生のおすすめ

あかりちゃんはかわいいものやすてきなものを探してくるのが得意だし、世話好きだから、「小道具」の仕事にむいているんじゃないかな。

まずは台本を読み込み、必要なものをリストアップし、限られた時間でイメージに合った小道具を集めます。それだけでなく、番組収録中に必要なものを運んだり、いらないものを下げたりするのも小道具のお仕事。集中力と気配りが必要よ。あかりちゃんはときどき、おしゃべりに夢中になっちゃうことがあるから、気をつけて。仕事に集中しないとミスが起こって収録がストップする事態にもなりかねません。

小道具といっても、小さなものだけでなく、ソファやテーブルなどの大きな家具も小道具に入ります。重いものを運ぶこともあるから、体力が必要。それに仕事の時間も不規則で、拘束時間も長く、ハードスケジュール。体調管理にも気をつける必要があります。

第1章 お仕事ガイド【テレビ・ラジオ】

芸能マネージャー星野さんからのアドバイス

　テレビやラジオを制作する現場には、たくさんのお仕事があります。俳優・女優、歌手、お笑い芸人など、表舞台に出ている人だけでなく、私のようなマネージャー、番組を統括するプロデューサー、責任者として現場を仕切るディレクターなど、裏方の仕事もあります。さらに、カメラさん、照明さん、音響さんなど、さまざまな分野のプロフェッショナルがチームになり、みんなで一つの番組をつくりあげるのです。

　働く場所はとても華やかですが、待ち時間が長かったり、予定していた仕事がいきなり変更になったり、深夜まで仕事が終わらなかったり、苦労が多い現場です。けれども、みなさん並々ならぬ努力家で、高いプロ意識を持って仕事をしています。「いいものをつくりたい」という想いが強いだけに、時にはぶつかりあうことも多く、どんな現場でも楽しいだけではない、緊張感が漂っています。「有名人になりたい」「多くの人を喜ばせたい」など、強い意志がなければ続かない仕事かもしれません。

調べてみよう　テレビ・ラジオに関するその他のお仕事

アナウンサー、ナレーター、声優、モデル、スタントマン、コメンテーター、大道具、スタイリスト、アシスタントディレクター（AD）、タイムキーパー、俳優・女優、歌手

| 年齢 | 30代 | 性別 | 女性 |

業務内容 芸能人（演芸）のアシスタント

得意 気を利かせること

苦手 時には気を利かせ過ぎてしまうこと

どんなお仕事ですか？

　私は、芸人のアシスタントをしています。たとえば、芸人がステージにあがる際に、芸に使う小道具をよいタイミングで出したり、しまったり、本人の芸を成功させるためにサポートをするのが仕事。いわゆる黒子のようなものです。けれど、そういったお客さまの目にふれる部分は全体の1割くらいで、残りの9割は地味な仕事です。たとえば、舞台道具をセットしたり、仕掛けを組み立てたり。間違えてしまうと芸に支障が出るので、とても責任を感じながら仕事をしています。

お仕事中、気をつけていることはありますか？

　私は、つねに動いていたい方なので、その点はこの仕事にむいているなと思います。つねにまわりを気にして、気づいたらすぐ動くようにしています。日によってステージの場所も変わるので、環境が変わることが苦手とか、ずっとおなじ仕事をしていたいとか、落ち着いて仕事をしたい人にはたいへんな仕事かもしれないです。

お仕事のやりがいは何ですか？

　担当の芸人以外にも、おなじステージに出るほかの方のサポートをします。若い人もいれば、高齢の方もいて、なるべく自分から気を利かせるようにしています。お話好きの方が多いので、ベテランの方のお話を聞くのも楽しいです。

　ちょっと特殊な世界なのでいろいろあるけれど、やっぱりステージは楽しいです。ステージがうまくいったときの達成感が、いちばんのやりがいかなと思います。

本や雑誌をつくるお仕事

てつお君のタイプにピッタリ

校正者

原稿の間違いや表現などをチェック

書籍や雑誌、広告などの記事について、文字の大きさ、書体、組み方、漢字や数字の間違い、おかしな表現などをチェックするのが、校正のお仕事です。集中力や根気はもちろんのこと、間違いに気づくための幅広い知識が必要です。文章を読むのが苦にならない人でなければ、できない仕事でしょう。

校正者の赤字が入った校正紙

先生のおすすめ

てつお君はだれかが黒板に文字を書いていると、「その漢字は違う」とすぐ間違いを見つけてくれますね。そういった間違いにすぐ気づく力は、「校正」の仕事にきっといかせるんじゃないかな。

校正の仕事で大事なのは締切を守ること。原稿を一文字ずつ誤字・脱字・文法、文脈に間違いや矛盾はないか細かく調べていく仕事なのでたいへんだけど、締切が迫っているときはゆっくり作業することができません。「素早く正確に」が大きなポイント。てつお君はこだわり出すと時間を忘れてしまうことがあるから、時間を意識しながら行動できるようになる必要があるね。

間違いに気づくには知識も必要だけど、わからないことを調べる力も求められます。校正する原稿がてつお君の興味のあることばかりとは限りません。いまのうちから関心の幅を広げて、たくさん知識を増やせるといいね。

第1章 お仕事ガイド【本や雑誌をつくる】

こころちゃんのタイプにピッタリ

イラストレーター

雑誌・チラシなどのイラストを描く

依頼主の要望に応じて、商品のイメージや記事の内容などをイラストで視覚化するのがイラストレーターの仕事です。雑誌、書籍、ポスター、チラシ、カタログ、パンフレットなどに、掲載されます。プロとしてやっていくためには、求められるイラストを表現できるデッサン力や技術力はもちろん、相手のニーズを理解する力や、柔軟に対応できるセンスも大切です。

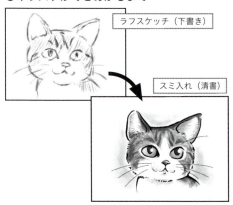

●イラストができあがるまで

ラフスケッチ（下書き）

スミ入れ（清書）

先生のおすすめ

　絵を描くのが大好きなこころちゃんは「イラストレーター」をめざしてみたら？　こころちゃんの絵はとてもかわいいし、個性的で目をひきます。だけど、イラストレーターにも締切があるから、間に合うようにテキパキと仕事をこなしていくことが必要です。

　それに、自分の描きたいものだけではなく、編集者や広告代理店など依頼主の希望やイメージに合ったいろいろな絵を描かなくてはなりません。30分とか時間を決めて、友だちのリクエストに応じて描いてみたりすると練習になるかもね。

　最近はイラストレーターもパソコンを使う人がほとんどです。いまからパソコンの操作に慣れておくといいでしょう。簡単なお絵描きソフトなどもあるので、ためしにパソコンで絵を描いてみたらどうかしら。

ハイパー君のタイプにピッタリ

新聞記者・ジャーナリスト

事件・事故などのニュースを取材

【新聞記者】新聞社や通信社に所属し、最新のニュースや生活に役立つ情報などを取材し、記事にするお仕事です。一般的には政治部、社会部など担当が分かれています。情報をつかむ力や、正確にわかりやすく伝える力が求められます。

【ジャーナリスト】政治、経済など、特定のテーマについて継続して取材を行ない、状況を分析し、記事を作成します。フリーで活動する人が多く、テレビのコメンテーターとして活躍する人もいます。

記者会見場に集まるジャーナリスト

先生のおすすめ

「新聞記者」は情報を持っている人に話を聞いたり、現場を調べたりします。事故や事件は24時間いつでも起きるから、深夜や早朝の取材も日常茶飯事。とてもハードな仕事だけど、ハイパー君は好奇心旺盛で体力もあるから大丈夫かな。取材したことをわかりやすい記事にしなくてはならないので、文章を書く力も必要です。記者にとって重要なのは「コミュニケーション力」。物怖じしないところはハイパー君の長所だけど、がさつな態度で相手を怒らせないようにね。ハイパー君は言葉づかいが雑になってしまうことがあるから、ていねいな言葉づかいを身につけられるといいわね。

「ジャーナリスト」も新聞記者に似ていますが、こちらは自分が追いかけたいテーマについて、継続して取材をし、記事にまとめる仕事です。戦地を取材する「戦場ジャーナリスト」って知っているかな？ 正義感が強く行動力があるハイパー君にむいているかも。興味があるなら、日本や海外のニュースに目をむけてみようね。

しずか君のタイプにピッタリ

DTP オペレーター・ライター

雑誌や書籍の原稿をレイアウトする・書く

【DTP オペレーター】DTP とは Desk Top Publishing の略語です。雑誌や書籍などの原稿を、パソコンを使って組版（レイアウト）し、印刷用のデータとして作成します。編集者やデザイナーの指示どおりに仕上げなければならないので、緻密で正確な仕事ができる人にむいています。

【ライター】取材や資料をもとに、書籍、雑誌、ウェブ、メルマガなどの文章を書きます。グルメ、ファッション、医療、教育など得意分野を持つことが大事です。

この本のまんがと原稿をレイアウトしているようす

先生のおすすめ

「DTP オペレーター」は、著者や編集者から渡された原稿などを素早く正確に組む仕事です。しずか君は細かい作業をコツコツとこなすことができるから、この仕事を安心して任せられそう。ゲームが好きだから、DTP 専用ソフトの操作も性に合うかもね。でも、ただたんに文字をレイアウトしたり修正したりするのではなく、書籍などの組版のルールを覚え、文字の大きさや種類、行間のとり方などを考慮して紙面を読みやすく美しくするセンスも必要です。どんな組版の本が読みやすいのか、関心を持って本や雑誌、新聞を読むと感覚が鍛えられるかもね。

集めた情報をもとに記事を書く「ライター」という仕事もあります。いまはパソコンで文章を書く人がほとんどだから、文字を書くのが苦手なしずか君でも可能性はあるけど……。たくさんの資料を読まなくちゃならないから、少したいへんかもしれませんね。

あかりちゃんのタイプにピッタリ

印刷作業員

印刷機械を操作する

印刷会社で機械を操作し、色の調整などを行ないながら印刷物を仕上げていく仕事です。印刷オペレーターと呼ばれることもあります。とくに免許や資格は必要ないので、未経験者でも基礎教育を受けながら、技術を覚えていくことができます。色のチェックが大事なので、色覚異常がなく、絵や写真に興味がある人がむいています。

巨大な印刷機で大きな紙に印刷をしていく

先生のおすすめ

あかりちゃんは「印刷作業員」なんてどう？ 雑誌や本だけでなく、ポスター、カタログなど、いろんなものを印刷します。印刷所によっては、アイドルを使ったポスター、人気キャラクターのシールなんかも印刷するので、あかりちゃんは楽しくお仕事ができるんじゃないかな。

熟練の作業員は、機械の状態や、工場の温度・湿度を考えながら、紙の質に合わせてインクの量を調整し、美しい印刷物に仕上げていきます。まずは先輩の助手になり、紙を運ぶとか、インクを補充するとか、雑用をしながら仕事を覚えていきます。指示をよく聞いてテキパキ動かなければならないわ。慣れないうちはいろんなものがめずらしくてキョロキョロしちゃうかもしれないけど、「きゃあ！ かわいい」なんて、よそ見ばかりしていると、なかなか仕事が覚えられないから、注意してね。

印刷用のデータをパソコンで処理する仕事もあるので、パソコンは使えるようになっておいた方がいいわね。

編集部 増子さんからのアドバイス

「マスコミ・出版」ってどんなイメージかな？　雑誌、書籍、まんが、絵本、写真集など、さまざまな出版物があるよね。

私が所属している週刊誌の編集部でも、ニュースを取材する記者、写真を撮るカメラマン、記事をまとめる編集者、記事の内容をチェックする校正、レイアウトするデザイナーやDTPオペレーター、イラストを描くイラストレーターなどなど、たくさんの人が協力して、1冊の本をつくっています。

一つの仕事が遅れると、ドミノ倒しのように、みんなのスケジュールに影響してしまうので、たいへん。とくに新聞や週刊誌は、いつも時間とのたたかいです。時間に追われるのが苦手な人や、のんびり仕事がしたい人は、比較的ゆっくり作業ができる書籍や絵本などをつくる仕事の方がむいているかもしれませんね。けれども、どの仕事でも締切があるので、出版業界で働くためには、スケジュールを管理したり、優先順位をつけて仕事をこなしていく力が大切です。

調べてみよう　出版業界に関するその他のお仕事

絵本作家、童話作家、作家、まんが家、写真家、ルポライター、翻訳者、コピーライター、ブックデザイナー、アートディレクター

年齢 30代　**性別** 女性

業務内容 DTP

得意 好きなことには集中できる

苦手 忙しいとすぐにあせってしまう

どんなお仕事ですか？

　印刷物の元データをつくることが主な仕事です。パソコンを使って、原稿をつくっていきます。名刺、ポスター、カレンダーなど、ありとあらゆる印刷物をつくります。

お仕事中、気をつけていることはありますか？

　発注してくれたお客さまにもいろいろなご要望があり、「ここを1ミリずらしてほしい」など、ぱっと見ではわからないレベルまで気にされる方もいて、なかなかたいへんです。けれど、なるべく応えられるようにとは思っています。
　苦手なことは締切です。短期の納期だとあせります。残業をしたり、根性で乗り切りますが……。かなり周囲の方に助けを求めながら間に合わせています。また、一つの仕事でも数パターンつくらないといけないこともあるので、それが苦手です。あまりアドリブがきかないので、バリエーションを出すのはたいへんです。そういうときは、気分転換にいろいろなものを見たりしてイメージをふくらませていました。

お仕事のやりがいは何ですか？

　以前、すでに亡くなっている有名なまんが家の作品のポストカードをつくったことがあるのですが、そのときはとてもがんばりました。だれもが知っている有名な作品だし、その作品を好きな人がたくさんいるので、なるべくよいものにしようと努力しました。成果がわかりやすく出るのは達成感があります。もともと、自分は絵がうまいわけでもないし、すごい才能があるわけでもないのですが、つくるのは楽しいです！

ホテル・旅行・レジャーにかかわるお仕事

てつお君のタイプにピッタリ
観光案内係・コンシェルジュ

観光客などに情報提供を行なう

【観光案内係】観光地のインフォメーションセンターや観光案内所で、観光客におすすめの観光スポット情報を提供したり、道や交通手段の案内、ツアーの手配などを行ないます。

【コンシェルジュ】ホテルのコンシェルジュデスク（案内所）で、「おいしいレストランを教えて」「新幹線を手配してほしい」など、お客さまの相談に乗り、あらゆるリクエストに対応する接客のプロフェッショナルです。

浅草文化観光センター。4カ国語対応や無料Wi-Fiなど旅行者が安心できるサービスを提供
©Kakidai

先生のおすすめ

地理にもくわしいてつお君は「観光案内」の仕事ができそう。観光案内も「コンシェルジュ」も、たくさんの情報を把握しておく必要があります。てつお君は、地方の駅の知識も豊富で、路線図もしっかり頭に入っているから、お客さまのニーズに合わせた提案ができるんじゃないかな。それに、てつお君は英語の成績がいいから、英会話をマスターすれば、海外のお客さまにも対応できそう。

もう一つ重要なのは、お客さまのニーズに合った情報を提案することです。なかには「鉄道が苦手」というお客さまもいるかもしれません。てつお君は「ありえない！　鉄道の方が便利なのに……」と思ってしまうかもしれないけど、別の交通手段を提案する柔軟な対応が必要よ。自分の価値観を押しつけず、ほかの人の考えも尊重するように心がけてね。たとえばクラスで話し合うときは、「ぼくは○○がよいと思います。○○君はどう思いますか？」と相手の意見も聞くように努力してみよう。

こころちゃんのタイプにピッタリ

バスガイド

バスに乗車し、お客さまをサポート

観光ツアーや学校の遠足や修学旅行、社員旅行などに使われる観光バスや貸切バスに乗車し、車窓から見える景色を案内したり、観光地の情報を提供したり、すてきな旅のお手伝いをするお仕事です。バスの駐・発車時の安全確認や車内点検など、運転手の安全運行をサポートするのも大事な役割。気配りができる明るい人材が求められています。

●バスガイドの1日

6:00	出勤・着替え・点呼
7:00	配車・お客さまのお迎え・出発
10:30	観光地に到着
12:00	昼食
14:00	観光地のガイド
18:00	到着・解散
19:30	回送・車内の掃除
20:30	勤務終了

先生のおすすめ

チャーミングなこころちゃんは「バスガイド」の仕事がいいんじゃないかな。この仕事で大切なのは、ずばり「明るい笑顔」。バスガイドが暗い疲れた顔をしていると、お客さまもいやな気持ちになってしまいますね。いつも、笑顔のこころちゃんなら、心配いらないかもしれません。

お客さまのなかにはお酒を飲んでよっぱらってからんでくる人や、言葉づかいなどにきびしい指摘をしてくる人もいるかもしれません。知らない大人とやりとりできるように、いまからていねいな敬語やふるまいを身につけておこうね。

また、バスが駐車するときは外に出て、バスが人や物にぶつからないか周囲を確認し、運転をサポートをします。事故が起きないように、機敏な対応が必要。こころちゃんはおっとりしているから、注意が必要かもね。

ガイド中はつねに忙しいお仕事なので、短時間でリフレッシュできる方法を身につけておくとよいでしょう。

ハイパー君のタイプにピッタリ

ツアーコンダクター

団体旅行などに同行し、旅をサポート

ツアーコンダクター（旅行添乗員）は、旅行会社のパック旅行や団体旅行に同行し、旅行客の案内をする仕事で、旅行の準備や各種手配なども担当するばあいがあります。旅行客が安全に楽しい旅ができるよう、準備を整え、旅を盛り上げます。旅行会社に所属して働く人が大半ですが、ツアーコンダクター専門の派遣会社などに登録して働く、フリーランスのツアーコンダクターもいます。

旅行客の集合を待つツアーコンダクター

先生のおすすめ

ハイパー君にピッタリなのは「ツアーコンダクター」。

ツアーコンダクターは、好奇心旺盛で旅好きな人にむいている仕事です。だけど、同行中は、朝から晩まで旅行客に対応しなければならず、休むひまもありません。体力に加えて、細やかなサービス精神も必要ですが、いつも元気いっぱいのハイパー君なら大丈夫でしょう。

ただし、何かトラブルがあればお客さまから直接クレームを受けることもあるし、むずかしい要望をいってくる人もいます。そんなときでも、すぐに怒ったり投げ出したりせず、がまん強く対応しなくちゃなりません。ひと呼吸おいて、冷静に相手の話が聞けるようになろうね。

海外からの旅行客や海外ツアーにも対応できるよう、語学力を磨いておくといいわね。机に座って勉強するのが苦手だったら、英語で会話を楽しむカフェに行ったり、外国の音楽や映画を活用してみてね。

しずか君のタイプにピッタリ

フロントスタッフ・番頭

ホテルのフロント業務を担う

【フロントスタッフ】ホテルの受付カウンターで宿泊客に対応し、チェックインやチェックアウト、会計、宿泊予約の管理、案内などを行ないます。

【番頭】支配人をサポートし、お客さまのご案内やスタッフのシフト管理のほか、あらゆる雑務をこなします。気配りのできるまじめな人にむいています。

宿泊客への対応をしているフロントスタッフ

 先生のおすすめ

「フロントスタッフ」はお客さまに「正確な情報を伝えること」が重要。慎重なしずか君なら大丈夫でしょう。電話で予約を受けたり、質問に答えなければならないので緊張してしまうかもしれないけれど、落ち着いて対応すれば、しずか君の誠実さがきっとお客さまに伝わると思います。

ただ、会計の仕事もあります。ホテルによっては外国のお客さまもいらっしゃるから、外貨の両替なども発生するかもしれません。いまはほとんどのお客さまがクレジットカードを使うから、お金のやりとりは少なくなってるけど、外国のお金と日本のお金の両替のしくみについて、社会の時間に勉強しておいてね。

日本旅館のばあい、フロントにあたる「番頭」の仕事もあります。仕事の内容は旅館によって違うけど、主にスタッフのシフト管理やお客さまのご案内などを行ないます。支配人をサポートする立場なので、まじめなしずか君は重宝されるかも。

あかりちゃんのタイプにピッタリ

ハウスキーパー（ベッドメイキング）

ホテルの部屋のおそうじを担当

ホテルの客室の清掃やベッドメイキング、タオルの交換、備品の補充、ごみの処理、部屋の点検などを行ないます。毎日、たくさんの部屋をそうじしてまわるので、体力が必要です。短時間で作業をこなす機敏さも求められます。責任を持ってすみずみまできれいにしなければならないので、細やかな心配りも欠かせません。

きちんと整えられたホテルのベッド

先生のおすすめ

いつも元気なあかりちゃんは「ハウスキーパー（ベッドメイキング）」がむいていると思います。ホテルのそうじは、広いホテルを動きまわらなきゃいけないから、けっこう体力を使うのです。

ハウスキーピングは、お客さまが快適に過ごすために絶対必要なお仕事です。だから、どんなに忙しいときでも、大ざっぱに仕事をしてはいけません。お部屋がきたないとそれだけでホテル全体の印象がとても悪くなってしまうでしょう？　髪の毛1本も残らないようにていねいに仕事をしなくてはなりません。あかりちゃんは見落としがありそうだから、いまのうちからチェックする習慣を身につけていこうね。たとえば、学校でそうじするときも、やり残しているところがないか確認を忘れずに。教室のすみなどは要注意よ。もちろん、お家のそうじも積極的にお手伝いしようね。

ホテル支配人 泊さんからのアドバイス

　私の働くホテルでは、たくさんのスタッフが働いています。玄関でお客さまを出迎えるドアマン、お客さまの荷物を運ぶベルボーイやベルガールという仕事もありますね。それから、レストランの厨房で料理をつくる人や、料理を運ぶ人、ワインを運ぶ人。宴会場も併設しているので宴会や結婚式を運営するスタッフもいます。

　24時間お客さまに対してサービスを行なうため、午前出勤、午後出勤、夜勤などシフト制で動いていて、体力的にはけっこうきつい職場です。けれど、お客さまに「いいホテルだった」「また来たい」と思っていただけるよう、みんなで協力しながら細やかなサービスを心がけています。

　観光業界には、ホテル以外にも、テーマパークなどでのさまざまなお仕事があります。どのお仕事にも共通していえることは、お客さまの楽しい時間をサポートし、「喜んでもらう仕事」であることです。人をもてなすことが好きで、サービス精神が旺盛な人にむいている業界だと思います。

観光業界に関するその他のお仕事

ホテルマネージャー、バトラー、ブライダルコーディネーター、ウエディングプランナー、グランドスタッフ、通訳案内士、ランドオペレーター、テーマパークスタッフ

| 年齢 | 30代 | 性別 | 男性 |

業務内容　ビジネスホテルのフロント

得意　1対1のお客さま対応

苦手　勘違いが多い

どんなお仕事ですか？

かなりたくさんの種類の業務を担当しています。わかりやすいところでいうと、チェックイン・チェックアウトの対応、宿泊予約の対応などです。それ以外にも、なるべく空室をつくらないように、宿泊料金の価格を調整したり、小さなホテルなのでお部屋のそうじも担当したり、朝食のサービスをしたりと、何役もこなします。

お仕事中、気をつけていることはありますか？

もともと、それほどコミュニケーションが得意というわけではなくて、そんな自分をたたきあげたい、成長させたいと思って、あえて高いコミュニケーション力が必要なホテル業界を選びました。親には、専門学校を出させてもらって感謝しています。

お仕事のやりがいは何ですか？

この仕事をしてよかったと思うことは、人当たりのよい接客ができるようになったことです。小学校のころから、人当たりはよいほうではありましたが、高校時代は、周囲から「ちょっと変わった人」と思われることがあって、それがコンプレックスでした。昔は人とかかわることに疲れもありましたが、この仕事をして、人とかかわることのおもしろさを、あらためて感じました。いろんな人と出会って、人当たりよく接すると、相手がそれを返してくれるのがモチベーションになります。

もちろん、たいへんなこともあるし、お叱りをいただくこともあるけれど、「石の上にも三年」をモットーとして、毎日がんばっています。

人を助けるお仕事

かいご？
かいごって
何のこと？

介護とは、起きる・寝る・食事をする・仕事をするなどの日常生活がむずかしい人たちを助けることです

おれ知ってる！ヘルパーのことだろ？

はい。私は障害者の介護をやっています

車椅子の人をお手伝いしたことあるよ

私がこのお仕事を選んだ理由は「人を助ける人ってかっこいい！」と思ったからです

私のおじいさんは足を悪くしてから外に出るのをいやがっていたのに、ヘルパーさんのおかげで外に出られるようになりました！

ヘルパーさんって、すごいんですね！

はい。人生を支える仕事なので、人の役に立ちたいと思っている人にはむいていると思います

車椅子はなかなか複雑な構造をしていますね

てつお君のタイプにピッタリ

福祉用具専門相談員

利用者に合う福祉用具を選び、アドバイスする

福祉用具専門相談員とは、車椅子や歩行器などの用具を利用者の方に提案し、効果が出ているか確認する、いわば福祉用具のスペシャリストです。ほかの専門職と協力しながら、高齢者や障害者の生活を、福祉用具でサポートします。福祉用具のレンタルを行なう事業所には2名以上の配置が義務づけられています。資格を取得するには、都道府県知事の指定を受けた事業者が行なう講習を受け、50時間のカリキュラムを修了しなければなりません。

●主な福祉用具の種類

介護用ベッド
床ずれ防止用具
体位変換器
手すり
車椅子
スロープ
歩行補助つえ
歩行器
移動用リフト
認知症老人徘徊感知機器

先生のおすすめ

てつお君は「福祉用具専門相談員」のお仕事がむいていると思います。

介護用ベッドや車椅子、食事用のお皿やスプーン・衣類・靴など、福祉用具は種類が多く、数も膨大です。さまざまな用具を利用者のレベルや状態に合わせて適切に選び、アドバイスすることが必要なので覚えることがたくさんあります。資格も取得しなくちゃならないけど、てつお君は覚えることが得意だから心配いらないかもね。

大切なのは「利用者にマッチしたものを選ぶこと」です。自分がいくらよいと思っていても、実際に使うのは利用者の方です。使っているところをよく観察し、安全に使えているか、効果は出ているか、利用者が使いにくさを感じていないかなどをキャッチすることが大切です。てつお君は頭でっかちになりがちだから、うまくいかなかったときは、柔軟につぎの方法を考えたり、まわりの人に相談しようね。

こころちゃんのタイプにピッタリ

介護職員

介護施設で高齢者の生活全般をサポート

老人ホームなどに入所している高齢者に対し、生活全般にわたって援助します。寝たきりや認知症高齢者に対する入浴、排泄、食事、移動などの介護、業務日誌の作成、福祉用具の管理、看護業務の補助、部屋のそうじ、誕生会や花見などの行事の開催、家族や施設との連携、医師や看護師への連絡など、たくさんの仕事をこなします。介護を必要としている高齢者が、充実した毎日を過ごすことができるようケアを行ないます。

車椅子の男性と散歩をする介護職員

先生のおすすめ

「介護職員」は「人の役に立っている」ということを日々実感することのできる、とってもすてきなお仕事です。でも利用者に怒られたり、家族からクレームをいわれてしまうこともあります。こころちゃんはいつもおだやかに人と接することができるから、むいているんじゃないかな。

なかには無茶なことを要求してくる人もいるので、冷静に「これはできません」と断らなくてはいけない場面もあります。こころちゃんは何に対しても「いいですよ」と受け入れてしまう傾向があるから、「できること」と「できないこと」は冷静に判断できるようになろう。

とくに施設などに勤務する介護職員のばあいは、利用者の服薬をサポートするというお仕事もあります。お薬は毎日決まった時間に忘れずに飲む必要があるから、時計のアラームを活用すると、こころちゃんもうっかり忘れることなく対応することができるでしょう。日ごろから時計のアラームを使って生活する練習をしてみてね。

ハイパー君のタイプにピッタリ
介護トレーナー

高齢者などに運動を指導する

　高齢者などに適切な運動方法を指導するスペシャリスト。デイケア・デイサービスなど高齢者施設、訪問介護、地域で介護予防運動の指導員として働く人もいます。資格は必須ではありませんが、運動や身体の機能、高齢者の心身の特性や介護についても幅広い知識が必要なため、ほとんどの人が介護関係の資格を取得してから働いています。

高齢者に介護予防運動を教えるトレーナー
写真提供：介護予防教室ソレアス

先生のおすすめ

　ハイパー君は、運動が苦手な友だちや後輩に、教えてあげるのが得意だよね。面倒見がよくてじつは優しい性格だから、きっと「介護トレーナー」にむいていると思うわ。
　ただ、利用者さんや家族から信頼してもらうためには、身だしなみや、言葉づかいも大事です。裏表のない率直な態度はハイパー君のいいところだけど、高齢者のなかには「失礼な態度だ」と怒る人もいるかもしれないわ。言葉づかいに気をつけて、礼儀や節度を守れるようになってね。
　それから、私たちには簡単にできても、高齢者の方にとってはなかなかできないことがたくさんあります。トレーニングが思うように進まずイライラすることもあるかもしれません。そんなときも辛抱強く寄り添い、ときには「こっちのトレーニングの方がよいのかな？」と柔軟に方向転換する姿勢が必要です。ハイパー君は結果が出ないと「やーめた！」って、すぐに投げ出しちゃう傾向があるから、じっくり取り組むねばり強さが身につけられるといいですね。

しずか君のタイプにピッタリ

障害者福祉施設の職員

障害を持つ人の相談＆ケアを担当

障害者福祉施設とは、障害を持つ方々に適した支援を提供するところです。職員は、利用者が自立して日常生活や社会生活を営むことができるよう援助やケアを行ないます。「入所施設」「通所施設」「就労支援」などの種類があり、仕事内容は施設により違います。働くために資格は必須ではありませんが、社会福祉士、精神保健福祉士などの資格を取得し、スペシャリストをめざす人もいます。

●高齢者にかかわる仕事

介護職員
訪問介護員・ホームヘルパー（介護職員初任者研修修了者）
介護事務管理士
生活相談員
介護支援専門員（ケアマネジャー）

●障害者にかかわる仕事

障害者支援施設職員
障害児者居宅介護従業者（ホームヘルパー）
生活支援員
義肢装具士
障害者相談支援専門員
ガイドヘルパー
手話通訳士

先生のおすすめ

「障害者福祉施設」の仕事の基本は、「相手の話をきちんと聞き・理解すること」です。なかには言葉が不明瞭な人や、コミュニケーションがむずかしい人もいます。どんな人にでもていねいに対応し、相手の気持ちや状況をくみとることがとても大切です。その点、しずか君はお話を聞くのも得意だし、相手を安心させるやわらかい雰囲気を持っているから、むいていると思います。

ただ、関係機関や行政とやりとりするので、資料を読み込んだり、文章で報告書をまとめる仕事も避けて通れません。読み書きが苦手なので、パソコンを使わせてもらえるようにするなど仕事をうまくこなせる工夫をしましょう。

たとえ「困っている人を助けたい！」という気持ちが強くあっても、解決できないこともあります。しずか君は失敗すると落ち込み過ぎる傾向があるから、うまくいかないときも、「つぎはどうしたらうまくいくだろう？」と前むきに気持ちを切り替えられるようになるといいですね。

あかりちゃんのタイプにピッタリ

ガイドヘルパー

障害者など外出が困難な人をサポート

ガイドヘルパー（移動介護従業者）は、障害により一人での外出が困難な人が安全に出かけられるよう、サポートします。ガイドヘルパーになるためには「ガイドヘルパー養成講座」や「行動援護従事者研修」「同行援護従事者養成研修」などの研修を受けなければなりません。仕事の範囲や受講する研修は、各都道府県や自治体によって異なります。

買い物に付き添うガイドヘルパー
写真提供：
NPO法人障害者生活支援センター遊び雲

いつも元気でお世話が得意なあかりちゃんは、「ガイドヘルパー」のお仕事はどうかしら。どんなに重たい障害を持っている方でも、「外に出たい」という気持ちがあります。あかりちゃんはその気持ちをくみとって、一緒に楽しみながら外出できるんじゃないかな。利用者さんも前むきな気持ちになれるでしょう。

でも、外出先では予定外のことも起こるし、利用者さんの具合が悪くなってしまうときもあります。あかりちゃんにはむずかしいかもしれませんが、問題が起きたら素早く対応できる正しい判断力と、サポートできる体力や機敏さも必要です。まずは「困ったときはこの人に相談しよう」というのを決めておくといいですね。

また、街には、道路の段差、歩道に入ってくる自転車、よそ見しながら歩く人など危険がたくさん。何より大事なのは「利用者の安全」なので、安全確認はとても重要です。あかりちゃんは、楽しくてテンションがあがり過ぎるとまわりが見えなくなるところがあるから、気をつけようね。横断歩道をわたるときも左右の安全確認をする習慣をかならず身につけておきましょう。

介護福祉士 福士さんからのアドバイス

　介護・福祉の仕事は幅広く、私の仕事は高齢の方の介護ですが、身体障害・知的障害・精神障害・発達障害など、いろんなハンディキャップを持った方をサポートする仕事もあります。そのほかにも、両親が働いているあいだ、お子さんをあずかる保育のお仕事も、福祉のお仕事なんですよ。

　さまざまな専門の職業や資格がありますが、資格がなくても働くことは可能です。いずれにしても、人を助ける仕事なので、相手の話をしっかり聞き、寄り添うことが重要ですね。ご本人だけではなく家族の相談にも乗ります。ですので、人と接することが好きな人はこのお仕事にむいていると思います。もちろん、うまくいくことばかりではなく、ときには意見がぶつかってしまうときや、思ったように進まないことも少なくありません。

　人を助けるためには、まず自分が心身ともに健康でなくてはなりません。ですが、利用者さんの笑顔や「ありがとう」という言葉が何よりのエネルギーになるので、利用者さんのために一生懸命取り組むことができれば、充実した日々を送ることができますよ。

介護・福祉業界に関するその他のお仕事

社会福祉士、精神保健福祉士、介護福祉士、介護食士、福祉住環境コーディネーター、保育士、ケースワーカー、ソーシャルワーカー、ケアマネジャー

| 年齢 | 30代 | 性別 | 女性 |

業務内容 高齢者の福祉施設職員

得意 責任感を持って仕事を進める

苦手 緊急時のとっさの判断

どんなお仕事ですか？

　私の仕事は、高齢者の方が暮らしやすくなるように、それぞれのみなさんの生活上の課題を、どのようにしたら解決できるかをチームで考えて、手助けすることです。たとえば、足が不自由な方がいらしたら、段差があったらどうしようとか、夜あまり眠れない方がいらしたら、寝るときの照明設定を変えて眠りやすくしようとか、そういうことを話し合って解決していきます。

　私たち支援員だけでなく、ご家族、医師・看護師・相談員などがチームとなって課題を解決していきます。年齢が高くなるほど、健康上の課題も増えてくるので、みんなで協力していくことが大事です。

お仕事中、気をつけていることはありますか？

　私はどちらかというと抱え込む方なので、担当している人数が多くなってくると混乱しやすくなります。そういうときこそ、早めにチームのメンバーに相談することが大事だと思っています。困っていることこそすぐに相談です。

　どうしても、人の生死に直面しやすい仕事であるのは間違いないです。私も何度か緊急事態が発生したときに救急車を呼びました。慌てやすいところがあるので、そういうときこそ一人で対応せず、ほかの人と一緒に対応するようにしています。

お仕事のやりがいは何ですか？

　私は、相手の立場に立って考えることが好きで、目の前の相手がどうすれば生活しやすいかということを考えて実行していくことは得意です。実際に、いろんな対応をして「ありがとう」といわれると、とてもうれしくなります。

85

てつお君のタイプにピッタリ

薬剤師

お薬の研究や調合を行なう専門家

薬剤師はお薬に関するスペシャリストです。人びとの病気やけがを治すために、薬を調合したり研究したりするのが仕事です。

医療機関や薬局に勤めるほか、大学や官公庁などの研究機関で最新の薬を研究する人もいます。製薬会社でも薬の開発を行なうほか、医薬情報担当者（MR）として薬の営業を担当する薬剤師もいます。

処方箋に従って薬を調合する薬剤師

先生のおすすめ

「薬剤師」は理系の専門職で、国家資格が必要。大学の薬学部で6年間も学ばなければならず、薬剤師になったあとも新薬や医療について学び続けなければならないので、「勉強することが苦にならない」という人でないとむずかしい仕事です。てつお君は数学も化学も得意だし、勉強が好きだから、薬剤師をめざしてみたら？

最近は、患者さんに「どんな効用があるのか」「どんな副作用が考えられるか」などをわかりやすく説明する「インフォームドコンセント」が大切にされています。てつお君は頭がいいけど、むずかしい話を相手の反応はおかまいなしに話しちゃうところがあるから、気をつけてね。高齢者やその知識のない人に対して、「こんなこともわからないのですか」なんていったら、バカにされたと思われちゃうから注意してね。

むずかしい専門用語を、知らない人にもわかりやすく解説したり、相手の反応を見て「わからないことはないですか？」と確認しながら話すようにしよう。

こころちゃんのタイプにピッタリ
歯科助手

歯科医院で歯医者さんのお手伝いをする

歯科医院での受付や患者さんの案内のほか、電話対応やカルテの整理、会計、そうじやタオルの洗濯など、さまざまな業務をこなします。治療中は器具の準備をしたり、医師の手伝いをすることもあります。資格がなくても歯科助手として働けますが、専門学校に通ったり民間の認定資格をとって、専門知識を学ぶ人が多いようです。

医師が施術しやすいように補助する歯科助手（写真右）

先生のおすすめ

「歯科助手」の仕事に必要なのは「お客さまを安心させる力」です。病院には歯が痛くてつらい思いをしている人、不安を抱えている人が多く来ます。だから、受付のときでもつねに笑顔で優しい言葉をかけるなど、気配りが必要。こころちゃんは友だちにも優しいし、癒し系タイプだからピッタリね。

だけど、お医者さんのサポートをする仕事なので、もちろん専門知識は必要です。歯科治療に必要となる器具の名称や専門用語を覚えたり、機械の使い方を知っておく必要があります。しかも、お医者さんの指示に従いテキパキと動かなければならないので、おっとりしたこころちゃんがついていけるかどうか、少し心配。頼まれたことはしっかりこなせるように、いまのうちから積極的にお家のお手伝いをして、練習しておこう。

医療の現場では、小さなミスが患者さんに大きな影響を与えてしまいます。ミスを防ぐために「これでいいのかな？」とあいまいに思う部分は「まぁ、いっか」ですませるのではなく、きちんと一つひとつ確認をするくせをつけましょう。

ハイパー君のタイプにピッタリ

理学療法士

運動機能を回復させるスペシャリスト

理学療法士は、障害者や高齢者に、日常生活に必要な基本動作の機能回復のためのリハビリテーションを行ないます。運動や電気刺激、マッサージなどの手法で、起き上がりや、寝返り、歩行、筋力強化などの訓練をします。医療・福祉分野をはじめ、スポーツ分野などさまざまな現場で活躍しています。英語では「Physical Therapist」といい、略して「PT」と呼ばれています。

歩行訓練の介助をする理学療法士
写真提供：久留米リハビリテーション学院

先生のおすすめ

体力があって身体も大きいハイパー君には「理学療法士」がおすすめ。患者さんを介助するには、筋力や体力が必要。ときには車椅子やベッドから患者さんを抱きかかえて移動させることもあります。力持ちのハイパー君なら、きっと大丈夫だよね。

だけど、リハビリが思うように進まず、なかなか結果が出ないこともあります。そんなときも小さな変化を見逃さない細やかさや、根気よく取り組む忍耐力が必要。ハイパー君は、いっけん、あきっぽくておおざっぱに見えるけど、仕事にやりがいを見出せれば、きっと患者さんの小さな変化を見つけ、リハビリをうまくサポートしていけるんじゃないかな。

理学療法士にもっとも大切なのは、「患者さんの生活を少しでも楽にしたい」という強い気持ち。マニュアルどおりにリハビリをするだけでなく、患者さんとコミュニケーションをとりつつ意欲を引き出し、一緒に喜んだり悲しんだりできる人間味のある人にむいている仕事です。その点でもハイパー君にピッタリですね。

しずか君のタイプにピッタリ

作業療法士

運動や作業活動を通じて身体と心のリハビリテーションを行なう

理学療法で基本動作が回復した患者に、よりスムーズに生活を送れるよう訓練を行なう専門家です。遊び、スポーツ、ゲーム、編み物、音楽など、あらゆる作業活動を通して、身体と心の回復をうながし、入浴や食事など自立した日常生活が送れるようにサポートします。英語では「Occupational Therapist」といい、略して「OT」と呼ばれています。

手・指のリハビリテーションを行なう作業療法士

「作業療法士」の仕事で大切なのは「人に寄り添える優しさ」です。しずか君は人の話をよく聞くことができるから、病気やけがをした人の困りごとや悩みもすぐキャッチして寄り添うことができるかもしれませんね。

だけど、このお仕事には国家資格が必要。作業療法士の試験は基本的に筆記試験のようだから、読み書きが苦手なしずか君にはたいへんかも……。試験に臨むためには、しっかりと計画を立てて、コツコツと勉強することが大切ですね。

けがをした人のリハビリテーションは、患者さんにとって精神的にもつらい状態が続きます。うまくいかないこともあるかもしれません。そんなときに大切なのは「前むきな気持ち」。どんな状況でも、患者さんを明るくはげますことで、リハビリの結果も変わってくることがあります。しずか君は、うまくいかないと自信をなくしたり、落ち込み過ぎてしまう傾向があるから、「こうすればうまくいくかもしれない」と、つねに前むきな気持ちで、改善策を考える習慣を身につけるといいかもしれませんね。

あかりちゃんのタイプにピッタリ

看護助手

看護師の仕事をお手伝いする

看護師をサポートするのが看護助手の仕事です。採血や注射などの医療行為はできませんが、患者さんの身のまわりのお世話や、食事や入浴のお手伝い、診察室の整理、医療器具の洗浄や準備、簡単な書類作成などを行ないます。看護補助者、看護師助手、看護補助員、ナースエイドなどと呼ばれることもあります。

●総合病院で働く看護助手の1日

7：00	朝食配膳、食事介助
8：00	口腔ケア、清拭・排泄ケア
10：00	シーツ交換
12：00	昼食配膳、食事介助、口腔ケア
13：00	休憩
14：00	入浴介助、環境整備
15：00	使用済みリネン類・寝具などの移動
17：00	夕食配膳、食事介助、着替えのお手伝い
18：00	夜勤者への引き継ぎ・業務終了

先生のおすすめ

世話好きなあかりちゃんは「看護助手」がいいんじゃないかな。むずかしい試験もないし、医療の専門知識もそこまで必要ないので、お勉強が苦手なあかりちゃんでも、大丈夫だよ。

ただ、「医療の専門知識が必要ない」といっても、人の命をあずかる医療現場で働く仕事なので、責任は重大。ほかの病棟や外来の医師・看護師に大切な書類などを届けたり、診察に必要な機器や器具などを準備することもあります。小さなミスが医療事故につながることもあるので、いつも緊張感を持って仕事をしなければなりません。おおらかなのはあかりちゃんのいいところだけど、大切な書類をうっかり失くしてしまったり、準備する器具を間違えたりしないように気をつけなくちゃね。

何かを人に頼まれたら「何をどうするのか」指示をきちんと確認し、最後には指示どおりにできているか点検するくせをつけようね。

看護師 石田さんからのアドバイス

　みんながよく知っているお医者さんや看護師のほかに、クリニックや病院などでお医者さんの指示のもと医療をサポートする理学療法士や作業療法士などのスタッフを「コメディカルスタッフ」（医療従事者）といいます。

　どんなに優れたお医者さんでも、一人で治療からリハビリまですべてを行なうことはできません。コメディカルスタッフのサポートが必要です。とくに大きな病院では、さまざまなプロフェッショナルがチームを組んで、患者さんの身体の回復をめざします。チームプレーでは、みんなで協力して進めるコミュニケーション力が求められます。

　そして、人の命にかかわる病気やけがをあつかう仕事なので、だれでも簡単にできるわけではありません。ほとんどの仕事には免許や資格が必要。大学や専門学校で知識を学び、試験に合格してから病院や福祉施設などで経験を積んでいきます。一人前になるのには時間もかかるけど、人を助けることができて、やりがいのある仕事です。

調べてみよう　医療に関するその他のお仕事

医療ソーシャルワーカー、言語聴覚士、臨床工学技士、視能訓練士、診察放射線技師、管理栄養士、医療事務、社会福祉士、精神保健福祉士

先輩の声

- **年齢** 20代
- **性別** 女性
- **業務内容** 看護師
- **得意** 情報を探したり調べたりすること
- **苦手** テキパキ対応すること

どんなお仕事ですか？

以前は総合病院の病棟で看護師として働いていたのですが、「スピードと臨機応変さが求められる仕事は自分にはむいていない」と自覚して退職しました。それから2年間休職していましたが、「もう一度、看護の仕事がしたい」と思い、復職しました。いまは週に2〜3回のペースで、介護施設などを巡回する訪問看護の仕事をしています。

お仕事中、気をつけていることはありますか？

病棟ではつぎからつぎへと患者さんに対応しなければならず、つねにテキパキと動くことを要求されます。先輩の指示を聞き逃したり、大事な準備を忘れていたり、報告するタイミングを逸したり、いつも怒られてばかり。「怒られないように」「ミスをしないように」と委縮し、大切な「患者さんへの対応」がおろそかになっていました。

いまの訪問看護では、比較的ゆっくり自分のペースで働くことができるので、一人ひとりの患者さんとていねいに接することを心がけています。

お仕事のやりがいは何ですか？

私はどちらかというとおっとりした性格で、病棟ではみんなの足をひっぱっていました。けれども訪問看護では「癒される」といわれ、私の訪問を楽しみにしてくれている高齢者の人たちがいるので、とてもやりがいを感じています。

調べるのが好きなので、高齢者の体調管理に役立ちそうな情報を調べてストックしています。ちょっとしたアドバイスで症状が改善したり、病気の予兆を見つけることができて感謝されたりすると、自分が役に立っているという実感があります。

てつお君のタイプにピッタリ

発注係

お店の在庫をチェックし、商品を発注

お店の在庫をチェックし、どのくらい売れるのか必要な数を予測しながら、業者に発注し、仕入れる仕事です。たとえば天気予報で「明日は真夏日になりそうです」といっていたら、「ビールがたくさん売れるはず」と予想して多めに発注しておいたり、テレビ番組で特集された食材が品切れにならないようたくさん仕入れておきます。

端末を使って商品の発注作業を行なうスタッフ

発注作業でミスをすれば会社へ大きな損害をもたらすこともあります。データを分析する力はもちろん、スピード、正確さも要求されます。

先生のおすすめ

何かを調べて分析するのが得意なてつお君は、日々の売れ行き、在庫状況や天気などのデータをふまえて、発注量を決定する「発注」の仕事にむいているんじゃないかな。

だけど、てつお君は手先が不器用なので誤って「0」を一つ多く打ってしまうなど、発注するとき入力ミスをする危険があるよね。慣れるまでは「数量や金額のダブルチェック」（自分で確認したあとに、ほかの人にも見てもらうこと）をしてもらうようにしましょう。

たくさん発注したものの、思ったより売れなかったら売れ残りが増えてしまいます。ちょっとした判断がお店の利益を左右する仕事です。何が売れそうか予測する力をつけるために、まずは世の中の流行にアンテナをはっておこうね。また、毎日、天気予報やニュースをチェックする習慣をつけておきましょう。

こころちゃんのタイプにピッタリ

POPライター

お店で使われる手描き広告を作成

小売店、スーパー、ドラッグストア、電気店などの店頭で使われる、『お買い得!』『今日のおすすめ』などイラストや飾り文字などを使った広告を、手描きで制作します。ただし、店員もかねているばあいがほとんどで、専属のPOPライターが働いているのは、大手の販売店に限られています。フリーで働く人もいて、在宅のバイトとして人気があります。

スーパーなどでよく見るPOP広告（POP = Point of purchase advertising）

先生のおすすめ

お絵描きが好きなこころちゃんは「POPライター」の仕事がむいていそう。お客さまが思わず買いたくなるすてきなPOPを描いて、お店の売上アップに貢献することができるんじゃないかな。

POPはただ好きな絵だけを描いていればいいわけではなく、たとえば本を紹介するなら、どんな内容で、どんな人におすすめなのか、お客さまに伝えなければなりません。『最後に号泣!』とか『恋する女子におすすめ!』など、アピールポイントを短くわかりやすく入れたコピー（文章）を考えるのも、POPライターの仕事です。こころちゃんは「バシッ」と何かを言い切るタイプじゃないから、悩んじゃうかもね。困ったときは、まわりの人に相談しながら考えれば、だんだん慣れていくと思うわ。

POPライターをめざすなら、将来、デザイン専門学校や通信講座などでテクニックを身につけるといいでしょう。

ハイパー君のタイプにピッタリ

配送ドライバー

トラックや自動車で荷物を運ぶ

トラックや自動車で荷物を運ぶ仕事です。営業所や契約店舗など、決められたルートをまわって配送を行なうルート配送の仕事のほか、各家庭に通信販売の商品や宅配便などを届ける配達の仕事があります。運ぶ物により運転する車のサイズも異なるので、必要とされる免許の種類も違いますが、ドライバーになるためには、普通自動車運転免許を取得しておく方がいいでしょう。

●食品配送ドライバーの1日

出社・点呼
↓
荷造り・積み込み・出発
↓
納品先に到着したら順番取りをして荷下ろし・検品
↓
つぎの納品先に移動
↓
3～5件ほど納品先を回ったら配達終了
↓
荷役台の集荷
↓
事務所到着後、退社

先生のおすすめ

身体を動かすことが得意で運動神経もバツグンのハイパー君は「配送ドライバー」の仕事がむいていると思います。重たい荷物を運ぶことも多いけど、体力もあるハイパー君なら大丈夫でしょう。けれども、くれぐれも商品はていねいにあつかってね。いつも「大切な商品を運んでいる」ということを忘れてはいけません。たとえイライラしていても、危ない運転をしたり、商品を乱暴にあつかったりするのはNGだよ。渋滞に巻き込まれてしまったり、道に迷ったり、不測の事態に遭遇することもあるでしょう。遅れるときは「遅れます」と連絡を入れ、落ち着いて行動できる冷静さが仕事には必要です。落ち着いて行動し、つねに商品を大切にあつかう気持ちを忘れないように。

力仕事で体力が必要なので、運動部に入って、いまからめいっぱい身体を鍛えておけるといいね。将来、配送の仕事をやってみたいなら、高校卒業前に運転免許をとっておくとよいでしょう。

しずか君のタイプにピッタリ

レジ係

商品の精算を行なう

商品のバーコードを読み取らせ、かごや袋に入れ、精算を行なうのがレジ打ちの仕事です。お客さまをなるべくお待たせしないように素早く正確にこなすことが求められます。つねにお客さまに接する仕事なので、清潔感や好感度も大事。店舗によっては、レジの点検、つり銭の管理、サービスカウンターでの対応や商品の品出し、店内清掃や買い物かごの整理なども行なうことがあります。

商品がたくさん入った買い物かごが並ぶスーパーのレジ

 先生のおすすめ

しずか君は「レジ」の仕事はどうかしら。手先が器用なので、手早く商品のバーコード打ちや袋詰めができるでしょう。大手スーパーなどではおつりも自動でレジが出してくれるので、計算が苦手なしずか君でも安心して取り組めるんじゃないかな。
　つねにお客さまと接する仕事だけど、しずか君はおだやかな性格で、笑顔で優しく人に対応することができるので、この仕事にむいていると思います。
　なかには「野菜が傷んでいる」「早くしろ」などとクレームをつけてくる人や、ちょっとしたことで怒鳴ってくる人もいます。しずか君はそんなとき、どぎまぎしてパニック状態になってしまうことがあるけど、ていねいにあやまって、あとは上司に相談すれば、ほとんどのことは解決できるはずです。トラブルが起きても、落ち着いて対応してね。
　意外と肉体労働で、数時間は立ちっぱなしでレジを打ち続けなければなりません。運動が苦手なしずか君だけど、ランニングやラジオ体操など、できることをやっておこうね。

あかりちゃんのタイプにピッタリ

品出し係

食品などの商品を棚に並べる仕事

スーパーやドラッグストア、ショッピングモールなどで食品や雑貨などの商品を棚に並べるのが、品出しの仕事。ピッキングと呼ばれることもあります。売れてしまった商品を補充して並べるだけでなく、商品の管理も行ない、消費期限や賞味期限切れしそうな商品に割引の値札をつけることもあります。

さまざまな商品をあつかうスーパーの品出し
写真提供：山口県「新鮮市場」大内店

先生のおすすめ

コツコツおなじ作業に取り組めるあかりちゃんは「品出し」の仕事がむいていると思います。商品を補充する場所や数は決まっていて、毎日おなじ仕事のくり返しなので、得意分野だよね。お店ではひんぱんにお客さまとすれ違うこともあるから、笑顔であいさつできる明るい性格もプラスのポイントです。

だけど、仕事中は予測できないことも起こります。「○○はどこにあるの？」など、お客さまにわからないことを聞かれたときは、慌てないで、「お待ちください」と伝えてから上司にかならず確認しに行くこと。間違ったことを伝えると、最終的にお店の不利益につながってしまうことがあるので、注意してね。

スーパーに行ったら、お菓子だけじゃなくて、お肉、お野菜、お魚、調味料、乳製品、飲料水、お酒、冷凍食品などなど、いろんな商品を観察してみよう。どんな場所に、どんなふうに、どんな商品が並んでいるのか覚えておくと、役に立つと思うわ。

スーパー店長 大橋さんからのアドバイス

　スーパーやドラッグストア、家電量販店、コンビニなどの小売店には、レジ、品出し、清掃、運搬などの仕事があります。そのほか、お店を統括する「店長」、働く人を管理する「マネージャー」などの管理職もいます。

　大きなスーパーは、水産・鮮魚、精肉、青果（野菜・果物）、惣菜、グロサリー（加工食品・お菓子など）、日配食品（豆腐・卵・パン・牛乳類など）など、いくつかの部門に分かれていて、それぞれ担当の人が働いています。

　お店の規模や働く部門により、求められる力には違いがあります。けれども、笑顔であいさつができるコミュニケーション力や、接客に必要な明るさや清潔感は基本中の基本。そのうえで、各部門に求められる力を身につけられれば、活躍の場が広がります。バイトからスタートする人も多い仕事なので、興味があったらチャレンジしてみてくださいね。もちろん未経験者でも、先輩たちがていねいに仕事を教えてくれるはずです。

スーパー・小売店に関するその他のお仕事

惣菜調理、コンビニ店員、コンビニ店長、バイヤー、スーパーバイザー、エリアマネージャー、店舗開発、マーチャンダイジングマネージャー

| 年齢 | 20代 | 性別 | 女性 |

業務内容 小売業の事務

得意 決まった業務を正確に行なうこと

苦手 細かい手作業

どんなお仕事ですか？

　私の会社は、服やアクセサリー、生活雑貨などのブランドを持つ会社です。私がいまやっている仕事は、年に2回ほど開催するファミリーセール（お得意さまや社員の家族などに限定したセール）にむけて、お客さま情報を更新する仕事です。個人情報をあつかうことが多く、この前プライバシーマーク（個人情報を正しくとりあつかっている事業者がもらえる証明のこと）の講習を受けたばかりです。

お仕事中、気をつけていることはありますか？

　私のチームは、それぞれが得意な業務を担当していて、苦手なことはその業務を得意とする人が担当してくれます。私は手を使う細かい作業が苦手なので、書類を折ったり封入したりということは、ほかの得意なメンバーに任せています。日々の仕事では、一度したミスをくり返さないように、心がけています。自分がミスしたことは原因や防止策をメモして、つぎにいかすようにしています。

お仕事のやりがいは何ですか？

　私は、自分の会社のことが好きで、それはもちろん「自社製品がかわいくて好き」ということもありますが、何よりも「現状の自社製品に満足せず、つねに新しい商品をつくっていく」という姿勢が好きです。自分の仕事でもいろいろチャレンジをしようという気持ちになります。

　いちばんのやりがいは、社内のほかの人が「ありがとう」といってくれること。グループ会社や部署で忙しくてできない部分をサポートする仕事なので、それによってほかの人が助かるというのがやりがいです。

物をつくるお仕事

てつお君のタイプにピッタリ

プラントエンジニア

工場の設計・維持などを担う技術者

プラントエンジニアのプラントとは製造工場のことです。プラントエンジニアは「工場の設計・建設、管理維持・メンテナンス」を担当する技術者です。メンテナンスでは、破損・劣化した部品をとりかえたり、プログラムを最新のデータに更新したり、工場がつねに稼働できるよう管理します。

大規模なプラント建設

 **先生のおすすめ**

「プラントエンジニア」は海外での工場建設などスケールの大きいプロジェクトにかかわる可能性もあり、エンジニアのなかでもあこがれる人が多い仕事なのよ。プラントエンジニアになるには、大学の理工学部で機械工学を学ぶのが王道。てつお君は鉄道の構造にくわしいでしょう？ 機械が好きで勉強が得意なてつお君なら、理工学部をめざしてみる価値があると思うわ。

プラントエンジニアの仕事内容は幅広く、なかには実際に細かい配線や部品の交換を行なう作業もあります。てつお君は、手先が器用なタイプじゃないから、慣れるまでは慎重に取り組むようにしましょう。機械操作をあやまって人にけがをさせてしまっては、たいへんです。

日ごろから、ゲームでも機械でもパソコンでもいいので「何かを操作する」ということに慣れ親しんでおこう。そしてだんだんとスピードと正確性をあげる練習をしていこうね。

こころちゃんのタイプにピッタリ

組み立て・梱包係

倉庫や工場で商品を包む

倉庫や工場で、商品の梱包・包装を行ないます。商品にタグづけをしたり、梱包した箱にラベルを貼ったりすることもあります。あつかう商品は、洋服や靴などのアパレル商品、日用品、雑貨、スポーツ用品、食品など会社によってさまざまです。基本的にはおなじ作業のくり返しなので、集中力と忍耐力が必要になります。

お菓子を詰める箱の組み立て作業
写真提供：株式会社スマイルワン

 **先生のおすすめ**

こころちゃんは「組み立て・梱包」などの軽作業がむいていると思います。製造業のなかでも、紙製品の組み立てや、軽い物の梱包（お菓子の箱詰め・袋詰めなど）の軽作業は、女性に人気がある仕事です。大きな工場で作業（ライン作業）を担当する仕事もありますが、のんびり屋さんのこころちゃんは自分のペースで作業ができる、小さな工場がいいんじゃないかな。

だけど、このお仕事は集中力が必要。少しでも傷をつけたり破損させてしまうと、商品として出せずに捨てることになってしまいます。こころちゃんはうっかり作業を飛ばしたり、忘れてしまうことがあるから、一つひとつの作業に慎重に取り組むようにしましょう。

ふだんから、「慎重に」「正確に」を意識して物事に取り組んでみよう。絵に色を塗るとき、はみ出さないように慎重に塗ったり、配られたプリントをきっちり折ったり、ていねいに物をあつかう習慣をつけておこう。

ハイパー君のタイプにピッタリ

町工場の職人

職人技（高い技術）で、ものづくりに貢献

金属やガラスの加工、研磨（表面をきれいに磨くこと）、部品同士の溶接（部品同士の接合部に熱を加えてくっつけること）など、「職人技」といわれる高い技術を武器に仕事をします。だれでもできる仕事ではありませんが、職人技を身につけることができれば、働いていくうえで大きな強みとなるでしょう。

溶接作業を行なう町工場の職人

「町工場の職人」といっても仕事はさまざまで、いろいろな技術があります。いわゆる「職人技」といわれる高い技術を、先輩職人に教えてもらいながら修業をし、何年も時間をかけて一人前になるのです。だれでもできるわけではなく、とてもたいへんな仕事だけど、体力とガッツには自信があるハイパー君なら、きっと高いハードルも乗り超えられると思うな。

だけど、職人さんのなかには少しコワモテで、きびしくがんこなタイプの人もいます（実際はそういう人ほど優しい、というばあいもよくあるけどね）。先輩職人から叱られたとき、逆ギレしてカッとなったり、イライラを表情や言葉に出さないように気をつけましょう。

先輩職人への敬意を忘れずに、叱られたことを謙虚に受け止めようね。学んだことを一つひとつ自分のものにしていくことができれば、すばらしい職人になることができるんじゃないかな。

ふだんから先輩や目上の人への礼儀や言葉づかいに気をつけて過ごそう。

しずか君のタイプにピッタリ

ライン・製造係

工場の流れ作業の一部を担当する

ベルトコンベアなどから流れてくる部品をライン作業によって一つの製品に完成させる仕事です。従業員はそれぞれ所定の位置について担当の部品を組み立てたり加工をし、最終的に一つの製品を完成させます。むずかしい作業は多くありませんが、長時間、たんたんとおなじ作業を続けなければならないので、集中力と忍耐力が必要です。

工場でライン作業を行なう従業員たち

先生のおすすめ

しずか君なら、手先が器用だから細かい作業を素早く正確に、かつ集中して行なっていく「ライン・製造」の仕事を、しっかりこなしていくことができるでしょう。あつかう製品は、車やモーターなどの大型機械から、携帯電話などの精密機器・部品類、ボールペンなどの日用品、ケーキやお弁当などの食品類までさまざまだけど、ほとんどの作業はマニュアル化されています。しずか君はまじめなので、教えられた手順どおりに、きっちり進めていけるところが、強みになりますね。

けれども、おなじ作業をくり返し長時間行なっていくことは簡単ではありません。集中力が切れてしまい作業ペースが遅れてしまうと、自分のあとに控えているライン作業者に迷惑をかけてしまいます。高い集中力・忍耐力が必要です。

物事に取り組む際は、「これから30分間集中して勉強する！」など、ふだんから集中して取り組むことを意識していけるとよいと思います。

あかりちゃんのタイプにピッタリ
検品係（けんぴんがかり）

不良品のチェックを行なう

検品とは、工場や倉庫で、出荷する前の製品に不具合がないかチェックする仕事です。検品する対象は、衣料品や文房具、日用品、雑貨、おもちゃ、医療器具、ゲームソフト、お菓子、食品など多岐にわたり、チェックするポイントもそれぞれ違います。おなじ作業をくり返し長時間行なうので、集中力と忍耐力が必要です。

ミネラルウォーターの検品作業

先生のおすすめ

「検品」は、どこを見ればよいのかが決まっていて、ほとんどの仕事場では毎日おなじ作業になります。ほかの人がすぐにあきちゃうような単純作業にも、集中してコツコツ取り組める性格のあかりちゃんにピッタリの仕事なんじゃないかな。どんなときもぐちをこぼしたりせず、明るく取り組めるあかりちゃんは、仕事場でも人気者になれると思うよ。

けれども、慎重さも必要。かたちがおかしいものや異物が混ざったものを見逃してしまうと、それがお客さまの手元に届いてしまいクレームにつながってしまいます。ちょっとした不注意が事故につながる仕事なので、くれぐれも注意してね。仕事中は、おしゃべりや、よそ見は厳禁だよ。集中するときとお休みするときのメリハリをつけて仕事をしていくことが検品作業のコツです。

製造業 工場長 大林さんからの アドバイス

　製造業では、食料品や洋服、文房具、家電、自動車、医薬品など、ありとあらゆる物をつくっています。人とロボットが共同で作業する最先端の工場もあれば、職人技が光る小さな町工場もあり、働く環境も、担当する作業もそれぞれです。

　たとえば、物をつくり加工するための「機械をあやつる人」、つくられた物をチェックする「検品」、配送する際の「梱包」など、工場の仕事は各工程にいくつかの職種と仕事があります。

　大きな工場では、ほとんどの仕事はマニュアル化されており、「ライン」と呼ばれる流れにそって作業を行ないます。ですから、未経験でも安心して取り組める仕事がたくさんあります。

　興味がある人は、バイトなどで工場の仕事を体験してみてはどうでしょう。物づくりを間近で体感できるのは、製造業の魅力の一つ。そこに「やりがい」を見出せる人に、むいている仕事だと思います。

調べてみよう　製造業に関するその他のお仕事

リペアマン、製造工、板金工、金型工、プレス工、モデラー、エンジニア、機械設計

| 年齢 | 20代 | 性別 | 男性 |

業務内容 繊維工場の機械の操作

得意 抜けもれなく作業を進めること

苦手 一度にたくさんの指示を受けること

どんなお仕事ですか？

　糸を機械にセットして、機械で生地を織り、完成したらその生地を機械から切り落とす仕事です。生地を切り落としたあとにすぐに機械を清掃し、また使えるようにします。機械が止まるとそのぶん生産量が減ってしまうので、すぐに機械を使える状態にすることが大事。そうじが行き届かないと、毛羽が機械にからまってしまうので、きちんとそうじをするようにしています。

お仕事中、気をつけていることはありますか？

　この機械はとても精密で、間違ったセットをすると、すぐに止まるようになっています。ですから、機械を正確にセットし、そうじをきちんとすることが生産性をあげることにつながります。「いかに機械を止めないようにするか」を意識して働いています。

　生地ができたら検品の部署にまわし、自分は機械のチェックに入ります。とにかくつねに機械を動かす必要があるので、自分もつねに目を光らせています。

お仕事のやりがいは何ですか？

　機械のチェックはルーティンワークなので、とても得意でやりがいを感じます。あとは、だれがするとは決まっていない業務を自分から率先して取り組むことが評価される点もです。

　みなさんとてもいい人たちで、職場の雰囲気がいいことがとてもうれしいです。社長が人格者で、体調を気づかってくれたり、従業員がみんな働きやすいように給与のことや環境について考えてくれたりすることがわかるからです。これからもがんばっていきたいです。

てつお君のタイプにピッタリ

通関士

輸出や輸入に必要な手続きを行なう

貿易（輸出・輸入）を行なう際には、貨物の品名、数量、価格などを、税関に申告して許可を受けなければなりません。通関士は、輸出や輸入に必要な「輸出申告書」「輸入（納税）申告書」などの申告業務を貿易会社などに代わって行なうスペシャリストです。通関に関する複雑な専門知識、申告書を作成する語学力や事務処理能力などが必須のため、国家試験に合格しなければなりません。そのあと、財務大臣から認可されてはじめて通関士の資格を得ることができます。

●通関士の働く場所

国際物流業者
○○通運、○○物流、○○海運、○○航空などの企業

商社
海外取引などで

百貨店
海外での買い付けなどで

メーカー
製品の輸出、原材料や部品の輸入などで

個人輸入
ネットショッピングなどで

先生のおすすめ

てつお君は「通関士」をめざしてみたら？ 国家資格が必要だけど、知的好奇心が高く、英語も得意なてつお君なら、苦にならないんじゃないかな。

ただ、気になるのは体力ね。通関士の仕事は基本デスクワークだけど、ときには重たい荷物を運ばなければならないこともあるかもしれません。大そうじや体育の準備のときなど、率先して荷物を運ぶ経験もしておこうね。

もう一つ気になるのは、コミュニケーション力です。職場によっては、外国の人と交渉する機会もあるかもしれません。自分が「常識」と思っていることが通用せず、交渉がうまく進まなかったとしても、相手の文化や立場に立ち、根気よく対話を続ける姿勢が大切です。てつお君と趣味が違う人の話も聞いてみたり、外国人と交流してみたりして、少しずつ自分の世界を広げてみようね。

こころちゃんのタイプにピッタリ

仕分け係

工場や倉庫などで商品を仕分ける

工場や倉庫、配送センターなどで、販売店やお客さまへ発送する商品を配送先別に分けていく仕事です。会社によっては、仕分けだけでなく梱包や検品、ラベルシール貼りなども行なうばあいがあります。基本的には一人でもくもくと作業をこなすことになるので、自分のペースで集中して仕事に取り組みたい方におすすめです。

手作業で行なわれる郵便物の仕分け作業
出典：情報通信白書 for Kids ホームページ

 先生のおすすめ

絵を描いているときのこころちゃんは集中力があるから、もくもくと集中して取り組む力が必要な「仕分け」の仕事がむいてるんじゃないかな。こころちゃんが好きそうな、生活雑貨や本、CD、衣料品など、軽い物をあつかう会社もあります。

でも、仕分けでミスをしてしまうと、そのまま間違った送り先に商品が届いてクレームにつながってしまいます。ときどきぼんやりしてしまうこころちゃんだけど、まずは正確さをいちばんに意識し、少しずつスピードもあげて作業ができるように取り組めるといいよね。

ふだんから、整理整頓するくせをつけておくと将来に役立ちそうです。身のまわりの物を種類ごと、使用頻度ごとなどにわかりやすく整理整頓してみましょう。仕分けの練習にもなるし、忘れ物防止にもつながります。

年末になると、郵便局で年賀状の仕分けのアルバイトを募集しているから、いつか体験してみるといいね。

ハイパー君のタイプにピッタリ

荷役作業員

荷物の積み卸しや入庫・出庫を行なう

トラックや貨物列車、船、飛行機などへの荷物の積み卸し、倉庫などに保管する商品の入庫・出庫などを行なうのが、荷役作業員の仕事です。あつかう荷物はさまざまですが、力仕事であることが多く、フォークリフトを使って作業を行なうこともあります。「フォークリフト運転士」の免許をとっておくと、仕事の可能性が広がります。

フォークリフトを操作して荷物を運搬する作業員

先生のおすすめ

力持ちのハイパー君は「荷役作業員」がむいていると思います。重たい荷物を運ぶ仕事なので、体力と運動神経に自信のあるハイパー君なら、その強みを存分にいかすことができるでしょう。フォークリフトが操作できると仕事の可能性が広がるので、免許をとるのがおすすめです。

ハイパー君なら重たい荷物も「任せとけ！」ってガンガン運んでくれそうだけど、くれぐれも、お客さまにお届けする大切な商品をあずかっているということを忘れてはいけません。商品をトラックに積むときや降ろすときには、乱暴にあつかうのではなく、ていねいにあつかおうね。どんなに急いでいるときも、「安全第一」を忘れないで。イライラしても、何かをけったり投げたりするのは、仕事では絶対「NG」です。

日ごろから「物を大切にあつかう」「イライラしてもけっして物に当たらない」を意識しよう。

しずか君のタイプにピッタリ

集荷・配送係、引っ越しスタッフ

荷物を回収したり届けたりする

【集荷・配送係】宅配業者などに勤務し、決められたエリア内にある個人宅や取引先企業などをまわり、荷物を回収したり、届けたりする仕事です。

【引っ越しスタッフ】引っ越し業者のスタッフとして、荷物を梱包したり運んだりします。女性もいますが、力仕事がメインなので男性が多い職場になっています。

トラックから荷物を降ろして搬入するスタッフ

先生のおすすめ

しずか君は「集荷・配送」の仕事がむいていると思います。まじめな性格のしずか君なので、決められたエリアを決められた順番・時間にまわるこの業務が合っているでしょう。お得意さまにしっかり笑顔であいさつできるのも強みですね。電動自転車や専用の台車を使う業者もあり、運転免許がなくても仕事ができるばあいがあるのもポイントです。

そこまで重い荷物をあつかうことはまれだけど、荷物を運ぶので、それなりの体力は必要。長い階段や急な上り坂など、苛酷な現場で荷物を運ぶことも考えられます。求められる体力をあらかじめつけておくことができれば、安心ですね。

「引っ越し」の仕事もむいていると思います。お客さまの大切な荷物をていねいに、ルールどおりに梱包したり運ぶことができると思うからです。しかしこちらは、冷蔵庫やベッドなど重い荷物もたくさん運ぶので、より体力が必要です。

あかりちゃんのタイプにピッタリ

ピッキング係

倉庫から荷物を取り出し、集める

伝票にそって、倉庫から品物をピックアップしていく仕事です。数多くの商品が倉庫内のどこにあるかを覚えるまではたいへんですが、やることが決まっていて、一人で作業することが多いので、自分のペースで落ち着いて仕事をすることができます。会社によっては、仕分けや梱包、検品なども仕事に組み込まれていることがあります。

棚から商品をピッキングしているスタッフ

先生のおすすめ

あかりちゃんには「ピッキング」の仕事がおすすめよ。やることが明確でわかりやすい仕事なので、複雑なことが苦手なあかりちゃんにも合っているんじゃないかな。

だけど、倉庫内には数多くの商品があります。探している商品がどこにあるかすぐに思い出せないと、時間がかかってしまい、配送の時間までに仕事が終わらないなんてこともあるかもしれません。ピッキングは「できるだけ早く」「正確に」が求められる仕事なので、商品の位置をしっかり覚えておく、忘れたときに確認できるようメモをとるなどするとよいですね。倉庫内を移動する最短ルートを考えるなど、自分なりに工夫すると新しい楽しさを発見できるかも。

ふだんからメモ帳に日々の宿題をメモしたり、予定を書き入れたりして、確認しながら行動する習慣をつけておくと、仕事に役立ちそうですね。

第1章 お仕事ガイド【物を保管し、運ぶ】

運輸業 赤羽さんからのアドバイス

　みんなはネット通販で買い物をしたことがあるかな？　ネットで買い物をすると、指定した日に商品が配達されてくるよね？　この取引を支えているのが「倉庫・運輸業」です。

　倉庫業は、さまざまな商品を保管しています。運ばれてきた荷物は伝票を確認しながら検品し、種類別に決められた場所に運び保管し、配送に備えます。注文が来たら、決められた日に荷物を出庫します。倉庫業には、商品管理、出荷管理、ピッキング、入荷管理、配送手配などの仕事があります。倉庫の大きさや環境もそれぞれで、冷暖房完備のばあいもありますが、冷凍倉庫や冷蔵倉庫などの寒いところで働くこともあります。体調をくずさないように、日ごろから体力をつけておくことが重要です。

　倉庫から出庫した荷物を運ぶのが運輸業です。トラックや飛行機・船・鉄道などで荷物を運び、必要な場所に届けます。

　みんなが買い物した荷物が、決められた日に届くのは、こうやって倉庫・運輸業ががんばってるからなんだよ。

倉庫・運輸業 に関するその他のお仕事

トラックドライバー、コールセンター業務、倉庫管理システムの開発、フォークリフト運転士

先輩の声

- **年齢** 30代
- **性別** 男性
- **業務内容** 大手メーカーのピッキング
- **得意** ミスを防ぐための対策を立てること
- **苦手** 口頭の指示を正確に理解すること

どんなお仕事ですか？

大手メーカーの通販部門のピッキングを担当していて、お客さまから返品された品物を、間違いがないように、正確に倉庫に戻す仕事をしています。この仕事は、とにかく正確さが大事なので、スピードを求められるのではなく、一つひとつ確実に実施していくことになります。「正確さが第一だよ」といわれています。急かされない環境であることがいちばんありがたいです。あせりやすい自分には、あせらないですむことがとても重要です。

お仕事中、気をつけていることはありますか？

自分はとてもミスをしやすいので、少しでも疑問に思ったら、かならず確認を行なうよう心がけています。もともと確認はしていたのですが、昔勤めていた別の職場では「それくらい自分で考えろ！」と怒られてしまった経験もあり、人に質問するのがこわくなってしまった時期もありました。でも、いまの職場では「確認をしないことの方がダメだよ」といわれているので、しっかり確認し、もちろんいわれたことは忘れないようにメモをとっています。

お仕事のやりがいは何ですか？

最近は、仕事に慣れてきたので、通常の業務以外の対応も任せてもらえるようになりました。不明点があれば、自分で本社に問い合わせを入れます。電話は苦手でしたが、上司や先輩に相談しながら進められる環境なので、だんだん慣れてきています。また、ぼくは口頭で指示を受け取ることが苦手なので、自分で業務のマニュアルをつくって、それを職場のみなさんにも使ってもらっています。いまは、職場を働きやすく整えていくことがやりがいです。

てつお君のタイプにピッタリ

測量士

専門的な技術で物を測る仕事

角度を計測するトランシット、光波を用いて距離を測定する光波測距儀やGPS（全地球測位システム）などの専門的な機器を使い、土地の位置・高さ・長さ・面積を測る仕事です。ダム、橋、道路、鉄道、トンネルなど、さまざまな建造物を建てるためには、位置、高さ、形状を正確に把握しなければなりません。測量士は、綿密な測量計画を立てたのち、建築予定地の測量を行ない、図面を作成します。測量士または測量士補になるためには、国家資格が必要です。

土地の基礎データを集める測量士たち
写真提供：一般社団法人宮崎県測量設計業協会

先生のおすすめ

てつお君は路線図にくわしいし、地図を見るのが好きだよね。それに正確さも追求する性格なので、「測量士」なんてどうかしら？

測量士は、住宅やビル、ダム、橋、道路、鉄道などをつくるときに、ありとあらゆるものを測ります。開発計画や建設条件は測量結果によって決められていくため、責任は重大です。図面の作成には主にパソコンを使います。デスクワークが多いのですが、測量そのものは野外で行なわれることが大半で、真夏の酷暑や真冬の極寒の日などでは、体力と忍耐力が必要よ。いまのうちに体力をつけておこう。

測量した結果を頭のなかでイメージして立体化できるような空間処理能力があれば、仕事はスムーズに進むんじゃないかな。パズルやブロックゲームでその能力を鍛えていけるといいね。

こころちゃんのタイプにピッタリ

インテリアデザイナー

インテリアを選び空間をデザインする

家具や照明、カーテンなどのインテリア用品を選び、住居やオフィス、ホテルやレストランなど、さまざまな空間をデザインします。大学や専門学校で学んだあと、家具メーカーや建築会社などで経験を積むのが一般的。特別な資格は必要ありませんが、一人前のインテリアデザイナーになるには、幅広い知識と経験が必要です。

インテリアデザイナーに欠かせない模型製作
写真提供：日本インテリア総合研究所インテリアコーディネーター＆インテリアデザイナースクール（製作：山崎茂雄）

先生のおすすめ

こころちゃんは、色使いがとてもじょうずだよね。こころちゃんのセンスのよさは、「インテリアデザイナー」としていかせると思うわ。

インテリアデザイナーは、お客さまの部屋や店のイメージを理解し、希望に合った提案をし、メーカーの担当者や業者さんなど、たくさんの人と交渉しながら仕事を進めます。打ち合わせが多い仕事ですが、こころちゃんは、たくさんの人に囲まれると委縮しちゃったり、自分のいいたいことがいえなくなっちゃったりするから、いまのうちから、学級会や授業中に発言する練習をしておこうね。事前に、いいたいことや伝えたいポイントをまとめてメモしておくくせをつけられるといいですね。

インテリアデザイナーの仕事では、伝票の整理や注文書作成、見積書作成など事務作業もたくさんあります。伝票をなくしたり、大切な書類をどこかに忘れてしまわないよう大事なものは整理整頓して、しまっておく習慣をつけておこうね。

ハイパー君のタイプにピッタリ

土木作業員

建設工事などで力仕事を行なう

道路・ダム・鉄道・上下水道・送電網・通信施設などの大型施設や住宅やお店などを建設する工事現場で、物を運んだり、組み立てたり、地面を掘ったり、清掃したり、さまざまな力仕事を担います。現場の経験を長く積むと、ブルドーザー、ショベルカー、ダンプトラックなどの運転を任されることもあります。大型車両や重機などの免許や、現場監督になるために必要な土木施工管理技士を取得すると、仕事の可能性が広がります。

ショベルカーを使って土を掘っている作業員たち

先生のおすすめ

「土木作業員」は、時には酷暑、極寒、雪の中、嵐の中での作業もあり得るハードな仕事だけど、土砂崩れや洪水などの災害現場の復旧工事などを行なうこともあり、人の役に立っていることを実感できる仕事です。体力に自信のあるハイパー君なら、その強みを存分にいかすことができるでしょう。

若いうちは力仕事を任されることが多いけど、経験を積んでいくと現場全体をとりまとめる「現場監督」に昇進していくかもしれません。そうなると、現場だけでなく事務処理などの「デスクワーク」もこなさなければなりません。

事務処理や現場スタッフとのコミュニケーションや指示出しには日本語力が求められます。国語は、とくにがんばっておいてね。文書をパソコンで作成するためのワード・エクセルなどのソフトの操作ができるようになっておくと、何かと便利だよ。

しずか君のタイプにピッタリ

設計士（CAD技術者）

パソコンで設計・製図などを行なう

コンピュータで設計図などの作図を行なうCAD（Computer Aided Design）を使い、設計・製図・デザインを担当します。機械や建築、自動車、航空機、家具、アパレル、土木など、幅広い分野でニーズがあります。とくに資格は必要ありませんが、CAD技術者のあいだで認知度の高い「CAD利用技術者試験」「CADトレース技能審査」「建築CAD検定試験」などの民間資格をとっておくと有利です。物づくりが好きな人や、物ができあがる過程を楽しめる人にむいている仕事です。

CADのパソコン画面
データ提供：福井コンピュータアーキテクト株式会社

先生のおすすめ

パソコンが好きでまじめにコツコツ仕事に取り組める性格のしずか君は、しっかり訓練を重ねていけば、「CAD」の操作技術を身につけることができるでしょう。

設計を行なうためには、寸法などを正確に計算できる力や、平面の図面から立体構造や仕上がり図をイメージできる力が求められます。計算などはコンピュータがやってくれますが、「数学」の力も多少は必要です。

勉強はあまり得意ではないかもしれないけど、「基本的な計算」と「図形」の小学校で習う程度の基礎は、しっかり押さえておく方がいいでしょう。

しずか君はプラモデルやパズルは好きかな？ ロボットや車、お城などのプラモデルやパズルを組み立てることで、平面から立体を想像する力がつき、かつわかりやすい設計図とはどのようなものかを知っていくことができます。

あかりちゃんのタイプにピッタリ
タイル職人

タイルを美しく張りつけていく

家の外壁や、キッチン・お風呂・洗面所・トイレなどにタイルを張りつけ、表面をきれいに仕上げる仕事です。等間隔で美しくタイルを張っていくのはむずかしいため、一人前になるには5～10年の修業が必要。資格は必須ではありませんが、「タイル張り技能士」の資格を持っていると就職に有利になるばあいがあります。

家の玄関にタイルを張っていく

先生のおすすめ

地道なことにむいているあかりちゃんは「タイル職人」の仕事がおすすめ。

タイルをきれいに張っていく技術が必要なので、一人前になるまでには長年の経験が必要ですが、先輩職人に仕事を教えてもらいながら日々修業を積んでいけば、いずれ立派なタイル職人として活躍することができるでしょう。親や先生にいわれたことを素直に聞いて、いっしょうけんめいに努力できるあかりちゃんなので、きっと、先輩たちにもかわいがってもらえると思います。

だけど、現場では、荷物・材料など重いものを運ぶことも多くあるので、ある程度の体力が求められる仕事といえるでしょう。身体の小さいあかりちゃんなのでその点が少し心配。これから意識して体力をつけていこうね。

第1章 お仕事ガイド【建物や街をつくる】

建築士 中尾さんからの アドバイス

「土木」は道路やトンネル、河川や橋、上下水道・送電網など「インフラ（産業や生活の基盤として整備される施設）」と呼ばれるものをつくり、「建築」は、家やビル、学校、病院などを建て、私たちが日々便利に生活するための生活基盤を整えるスケールの大きな仕事です！

それぞれの分野では、専門家が連携して仕事を進めます。たとえば、お客さまの希望を聞きつつ各部門と協力して提案をまとめる「営業」、安全性や利便性に気を配りながら建物をデザインする「設計」、安全な資材や建築物の構造などを考える「研究開発」、エレベーターや空調・電気などの配置を考える「設備」、工事がスムーズに進むようスケジュールや作業を管理する「施工管理（現場監督）」などの仕事があります。

なかには国家資格や専門的な知識が必要な仕事もありますが、資格は仕事に就いたあと、経験を積む過程で取得していくケースがほとんどです。生活空間と街をつくるやりがいのある仕事なので、ぜひチャレンジしてみてください。

土木・建築に関するその他のお仕事

建築士、インテリアコーディネーター、不動産鑑定士、建築コーディネーター、大工、宮大工、とび職、建築設備士、建築施工管理技士、土木施工管理技士、左官、畳職人、塗装業

| 年齢 | 20代 | 性別 | 男性 |

業務内容 建設現場のアルバイト
得意 身体を使う作業
苦手 臨機応変さが必要な作業

どんなお仕事ですか？

　高校から大学、専門学校時代にかけて、建設系のアルバイトをしていました。いちばんはじめは高校生のとき。ビルやマンションを建設するときなど、足場を組む際に使うパイプを仕分ける仕事です。

　これは自分に合っていると思いました。当時は筋トレが趣味だったので、重いパイプを運ぶのもよいトレーニングになりました。それに、長さによって分別をすればよいだけなので、判断に迷うことはなかったのがよかったです。

お仕事中、気をつけていることはありますか？

　つぎにしたアルバイトが、新築マンションや大きな一戸建ての床をコーティングする仕事です。フローリングが傷つかないように薬剤を塗ります。これは、作業自体がとにかくスピード勝負だったので、パイプの仕分けより苦手でした。

　あと、ぼくはちょっと臨機応変さがないので、「バケツ持ってきて」といわれたときに、そのバケツのなかに入っていた電熱棒を取り出して床に置き、バケツを持っていったら床を焦がしてしまったこともありました。言葉どおりに受け取り過ぎたんです。

お仕事のやりがいは何ですか？

　建設現場の仕事は、自分の苦手な臨機応変さを求められるので、たいへんだった思い出の方が多いのですが、なぜやってこられたのかと思うと、現場のみなさんが優しかったからだと思います。

　あとは、少しずつでも単純作業はできるようになっていったし、苦手なこともだんだんとできるようになったからかな、といまになって思います。

食を支えるお仕事

てつお君のタイプにピッタリ

農業開発・研究者

農作物や農業機械の研究・開発

農作物の安全性の検査や、農業生産技術の改良、バイオテクノロジーの応用など、農業に関する開発や研究を行なう仕事です。農業試験場などの研究機関でさまざまな実験を行なったり、農協や農業団体に勤務して経営や栽培方法の指導にあたったり、種苗会社や肥料、農薬、農機具などのメーカーで働く研究者もいます。

畜産試験場で技術開発に取り組む研究者
写真提供：地方独立行政法人 北海道立総合研究機構

先生のおすすめ

アウトドアは苦手なてつお君だけど、「農業開発・研究者」として農業に貢献できるんじゃないかな。

でも、ずっとデスクワークで研究だけに没頭していればいい仕事ではありません。たとえば、農家を巡回してアドバイスをしたり、実際に農家で働く人とコミュニケーションをとりながら課題を整理するなど、フットワークの軽さが必要。一人よがりにならず、現場の苦労を聞き取り、どこを改善したらいいのかをキャッチする力が求められます。

自分の知っていることを情報提供するのは得意なてつお君だけど、他人が困っていることや興味のあることをキャッチするのはあまり得意とはいえないよね。これからは、そのアンテナをはって、相手の話を聞く習慣をつけられるといいね。相手のニーズをつかめれば、てつお君は、自分の強みをいかして人の役に立つ仕事ができると思うな。

こころちゃんのタイプにピッタリ

花農家（はなのうか）

鉢植え、切り花、苗などを育てる

母の日のカーネーション、夏にはひまわりなど、季節ごとの花を咲かせ、出荷するのが花農家の仕事です。鉢物のほか、バラやキクなどの切り花、球根、苗などを育てます。害虫を駆除したり雑草を取り除いたり、細かい管理を毎日欠かさず収穫時期まで行なわなければなりません。そのほか、品種改良や新種の育成にも力をそそぎます。

花農家と直接話ができる特別な展示会

先生のおすすめ

こころちゃんは、お花を育てる仕事はどうかな？ きれいなものが大好きなこころちゃんだから、愛情を込めて仕事ができるんじゃないかしら。

「花農家」に何より必要なのが根気です。花の生長のサイクルは長いので、1カ月、1年、5年と長期的な視野を持ち、「待つ」ことが求められます。忍耐力が必要な仕事だけど、がまん強いこころちゃんなら、きれいなお花を咲かせることを楽しみに、じっくり待つことができそうね。

花はとても繊細なので、病気になったり虫がつかないよう几帳面に世話をしなければなりません。こころちゃんはうっかり屋さんなので、やらなければならないことを忘れてしまったり、作業を飛ばしてしまうことがあるかもしれません。いまから「ToDoリスト」（やらなければいけないことを一覧化したもの）で管理する練習をしておきましょう。できればお家でも、鉢植えやプランターでお花を育ててみてね。

ハイパー君のタイプにピッタリ

漁師

川や海に出て魚や貝類をとる仕事

川や海に出て漁をし、魚や貝類をとる仕事。大型船でカツオやマグロをとる沖合・遠洋漁業の乗組員になるのであれば、特別な資格は必要ありません。一方で、沿岸部で小型船の漁師として個人で仕事をしていくためには、船を操縦するための「小型船舶操縦士免許」や、漁に出るための「漁業権」が必要になります。

網を引いて魚を漁獲するようす

写真提供：網走市

先生のおすすめ

「漁師」の仕事は、漁で必要な道具を船に積み込んだり、網を海のなかに放ったり引き入れたり、釣った魚を船から降ろしたりなど、腕力勝負の仕事がほとんどなので、ハイパー君の強みがいかせると思います。使う漁船や釣るエリアによって「遠洋」「沖合」「沿岸」の三つに分類されますが、日本の漁師のほとんどは日帰りで自分の船を出し、魚をとる沿岸漁業。個人営業が多いので、マイペースで行動できるのもポイントですね。

ただ、漁師の仕事は、けっして体力と腕力だけで何とかなるものではありません。天候や風による潮の流れの変化、海水の温度など、さまざまな情報を分析し、魚のとれる場所を予測する力も必要です。ハイパー君は「勉強なんて大きらい」っていうけど、勉強はけっして「テストでいい点をとること」だけが目標ではありません。魚介類の生態や新しい漁法など、何かに関心を持って「学ぶ」ことも勉強です。

しずか君のタイプにピッタリ

農協職員

JAで農家のサポートを行なう

全国に600以上ある農業協同組合（通称：農協／JA）で、農家の支援を行なう仕事。農作物生産に必要な資材や農業機械の販売、より品質の高いものをより多く生産するためのアドバイスのほか、銀行・保険などの仕事もあります。農協職員になるために、とくに資格などは必要ありませんが、一般的な事務作業はできた方がいいでしょう。

●農協ってこんな組織

農業協同組合（JA）とは
農業従事者や農業を営む法人によって組織された協同組合
1万人以上の従業員を抱える巨大組織

JAグループの全国組織
全国各地にある農協を取りまとめる

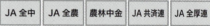

JA全中	JA全農	農林中金	JA共済連	JA全厚連
指導事業	経済事業	信用事業	共済事業	厚生事業

先生のおすすめ

「農協職員」は、農家への生産指導から保険業務までと仕事が幅広いうえに、人の話を親身になって聞き、最適な提案をすることが必要です。対人スキルが高く、笑顔で親身に相手の話を聞くことができるしずか君であれば、農協職員の仕事にむいていると思います。

でも少し優し過ぎるので、ついついなんでも「大丈夫ですよ」といってしまいがちです。できることとできないことをあらかじめ明確にしておき、お客さまにできないことはできないと、誠意を持ちつつはっきり伝えることが大切です。要望をすべて聞いてしまうと、本当はやらなくてもいいことまでやることになってしまいます。しずか君の負担が増えてしまったり、最終的にクレームや会社の不利益につながってしまうこともあります。

「できないことはできない」「いやなことはいや」、といえる強さを身につければ、将来の仕事にもいきるでしょう。

あかりちゃんのタイプにピッタリ

畜産農家（ちくさんのうか）

食用の牛や豚、鶏などを育てる

牛や豚、鶏などを育て、食肉や牛乳、卵などを生産するのが畜産農家です。ほかに、ミツバチやカブトムシなどを育てる農家もあります。生き物相手の仕事なので、動物が病気になったり出産する際などは、昼夜関係なく動物たちの世話をする必要があります。たいへんな仕事ですが、根気よく自然とむきあえて、愛情深く、動物の世話が好きな人には、やりがいのある仕事です。

手入れの行き届いた牛舎

先生のおすすめ

家でも猫のお世話を欠かさないあかりちゃんは、「畜産業」の仕事がおすすめ。動物たちにたっぷり愛情をそそいで育てていくことができるでしょう。たとえば鶏を育てる養鶏農家では、鶏舎の洗浄、消毒、温度・湿度管理、ひよこの買いつけ、餌やり、水やり、ワクチン接種、出荷などたくさんの仕事があります。鶏が伝染病にかかってしまったらたいへんなので、毎日、こまめに世話をしつつ鶏の状態を管理しなければなりません。あかりちゃんはときどき大事なことを忘れちゃうときがあるから、変化を見逃さないように気をつけてね。

鶏舎を汚れたままにしておくと、感染のリスクも高くなるので、こまめにおそうじし、手洗い・着替えを行なうなど、きちんとした衛生管理も必要です。

愛情をそそいだ動物たちは、やがて出荷されていきます。優しいあかりちゃんにはつらいことだと思うけど、「動物たちへの感謝の気持ち」をつねに忘れずに持ち続ければ、前むきに畜産業の仕事に取り組むことができるでしょう。

お米農家 藤貫さんからの アドバイス

　農業・林業・水産業・狩猟業など、自然に働きかけて営む仕事は、「第一次産業」と呼ばれています。
　そのうち、農業には、米、麦などの穀物をはじめ、野菜・果樹栽培、お茶、花などの農産や、養豚・養鶏といった畜産などのジャンルがあります。最近は、機械化が進み昔よりは楽になっているとはいうものの、基本的にはハードな肉体労働です。酷暑や極寒、悪天候での作業もあり、どの職種においてもある程度の体力や腕力が求められます。
　一方で、自然とていねいにかかわる繊細な神経も必要です。けれどもどんなに大切に育てていても、災害や悪天候でダメージを受けたり、ときには病気や害虫などで処分しなければならなかったり、自然とむきあう仕事は予期せぬことの連続です。おおらかな心で自然や生物を愛し、臨機応変に接することができる人にむいている仕事だと思います。

農業・漁業 などに関するその他のお仕事

クワガタ養殖、初生ひな鑑別師、鵜匠、家畜人工授精師、海女・海士、害虫駆除、川漁師、養蚕家、養殖業、養蜂家、水産系研究・技術者

先輩の声

- 年齢 30代
- 性別 男性
- 業務内容 農業
- 得意 力仕事
- 苦手 農園にいらっしゃるお客さま対応

どんなお仕事ですか？

ニンジンやキャベツ、トマトなどの野菜や、ブルーベリーをつくっています。首都圏にありますが、農地の面積は東京ドームくらい。そこで、オーナーとわれわれ4人の従業員を中心としてさまざまな作物をつくります。野菜の栽培・収穫だけでなく、野菜の出荷準備もしますし、無人販売所の運営もします。

お仕事中、気をつけていることはありますか？

たいへんなことはいろいろありますが、いちばんたいへんなことは、冬の出荷の際に大量の野菜を冷たい水で洗うことです。出荷量が多くて、半日で段ボール120箱分の出荷準備をしないといけないので、早く洗わないといけませんし、作業を分担して連携しないといけません。トラックが来る時間までに、段ボールを組み立てる人、野菜を詰める人、野菜を運ぶ人、野菜を洗う人が協力して、声をかけあって作業をします。

お仕事のやりがいは何ですか？

ぼくは力仕事が得意です。ブルーベリーのためにビニールハウスのようなものをつくるのですが、その組み立ても得意です。

この仕事のやりがいは、まずは体力がつくのでそれはよかったと思います。明らかに筋肉が増えました。ほかには、仕事を通して社会とつながれているなあと実感できることです。趣味として農業をするのであればそれは自己満足なのかなと思いますが、仕事として携わっているので、自分が働いている実感を日々持てるなと思います。野菜を育てることそのものよりは、農業を通して人とつながれていると思います。

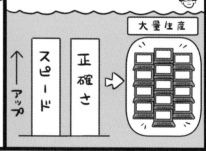

てつお君のタイプにピッタリ

ロボットクリエイター

高度な知識と技術でロボットを開発

工場で使われる産業用ロボット、医療・介護用ロボット、災害用ロボット、家庭用ロボットなど、さまざまなロボットを研究・開発・設計します。ロボット開発技術者、ロボット開発者、ロボット設計生産エンジニアなどと呼ばれることもあります。今後もますますニーズが高まるロボットの新しい可能性を開拓し、みんなの生活を豊かにする、やりがいのある仕事です。

日本を代表するロボットクリエイター・高橋智隆氏が手がけたロボット「ロビ」
©Tokumei gakarino aoshima

先生のおすすめ

「ロボット開発」には、機械・工学に関する高度な知識と技術が必要だけど、てつお君は物のしくみを分析したり、考えたりするのが好きなので、むいているんじゃないかな。

実際にロボットを組み立てるプロセスでは、細かい作業もあるため、手先の器用さが必要。てつお君は不器用だから、鉄道模型やプラモデルを組み立ててみるなど、細かい作業にも慣れておくといいですね。

ロボット開発には、設計図の製作やコンピュータのプログラミングなど、たくさんの工程があるので、チームを組んで行なうことがほとんどです。てつお君はどちらかというとチームプレーが苦手だけど、文化祭や学習発表会で、だれかとチームを組んで作品をつくる練習もしておこう。意見がぶつかることもあるかもしれないけど、みんなで力を合わせると、一人ではできない作品がつくれる可能性もあるよ。「鉄道研究会」などの部活動も、いい経験になるでしょう。

こころちゃんのタイプにピッタリ

インダストリアルデザイナー

工業製品のデザインを考える

家電製品、携帯電話、パソコン、ロボット、さらには自動車、飛行機まで、ありとあらゆる工業製品のデザインを担当します。たんにデザイナーとしてのスキルやセンスだけでなく、その製品に対する専門知識、工学や機械に対する知識なども求められます。工業デザインの学科がある学校で学ぶのが一般的です。

●日本の著名なインダストリアルデザイナーと主なデザイン分野

デザイナー名	主なデザイン分野	デザイナー名	主なデザイン分野
秋田道夫	家電、公共機器	西堀晋	プロダクト／iPod nano など
榮久庵憲司	鉄道車両、家電	深澤直人	携帯電話、家電、家具、雑貨
奥山清行	車、鉄道車両	益田文和	家庭用品、生産財
片岡哲	プロダクト／Walkman、VAIO、Samsung NX など	松井龍哉	ロボット
		水戸岡鋭治	建物、鉄道
川崎和男	生活用品、医療機器	山田耕民	芳香剤、時計など
喜多俊之	家電、家具、雑貨	山中俊治	ロボット、プロダクト、Suica 改札機など
柴田文江	家電、日用品、文房具	吉岡徳仁	プロダクト、空間、パッケージ
中村史郎	車	和田智	車

先生のおすすめ

絵が得意なこころちゃんには、やっぱりイメージを図面にするデザイン系の仕事がおすすめ。「インダストリアルデザイナー」は、使いやすく、安全で、できるだけ安く、製造しやすい商品を考えなければなりません。そのためには商品を制作するエンジニアなどとも打ち合わせをしなければいけないので、工学や機械に関する知識も少しは必要です。身のまわりにあるさまざまな製品がどんな素材でできているのか、使いやすさのためにどんな工夫がされているのかを調べてみよう。学校の成績にはつながらなくても幅広い知識を身につけておけば、いずれきっと仕事にいかすことができると思うよ。

デザインをするときはコンピュータを使うことがほとんどなので、パソコンのスキルは必須です。お絵描きソフトを使ってみたりして、いまからパソコンの操作に慣れておこう。

ハイパー君のタイプにピッタリ

ハイテクおもちゃクリエイター

楽しいテクノロジーでおもちゃを開発

おもちゃメーカー、ゲームメーカーなどに勤務し、コンピュータなどの新しいテクノロジー（技術）を使ったゲームのアイデアを考え、商品を開発します。アイデアを出し、企画書にまとめ、試作サンプルをつくり、コストなども考えつつ商品にしていきます。宣伝の人と協力してプロモーション計画を立てるばあいもあります。

●ハイテクおもちゃの最前線

「スカイショット」	手のひらサイズ、世界最小クラスのカメラ付きドローン（童友社）
「赤外線コントロール潜水艦サブマリーナーカメラ」	潜航、浮上、前後進、左右回転しながら水中撮影を楽しめる小型水中カメラ（シー・シー・ピー）
「プラレール　スマホで運転！　ダブルカメラ ドクターイエロー」	スマートフォンで運転できるプラレール（タカラトミー）
「BotsNew Characters VR DRAGONBALL Z」	スマートフォンをセットするだけで簡単にVR体験ができる装置（メガハウス）
「ラジオコントロール　リアルライブテトラル」	スマートフォンで操縦できる超小型ドローン。空中撮影が楽しめる（シー・シー・ピー）

先生のおすすめ

「ハイテクおもちゃクリエイター」は、みんなが「あっ」と驚くような楽しいゲームを開発しなければならないので、何よりも好奇心や発想力・斬新なアイデアが求められます。発想力が豊かでいつもみんなを驚かせてくれるハイパー君にピッタリよね。それに、自分も楽しみながら、たくさんの子どもや大人を楽しませることができる仕事だから、やりがいがあるんじゃないかな。

実際にアイデアを実現するためには、いくつかのプロセスが必要です。ゲームのキャラクターや設定なども考え、サンプルをつくってみなければなりません。もちろん、一人ですべてをやるのはむずかしいので、プロダクトデザイナーやゲームデザイナーなどとチームを組んで仕事をします。そのためにも、まず、アイデアは「企画書」にまとめなければなりません。企画書をつくるためには、パソコンのスキルや文章を構成する力が必要。ハイパー君はデスクワークが苦手かもしれないけど、いまのうちから「人に伝える」ことを意識して、自分のアイデアや発想を文章にまとめる練習をしておくといいでしょう。

しずか君のタイプにピッタリ

制御プログラム開発者

ロボットを動かすプログラムを作成

　ロボットの頭脳となるプログラム（制御システム）を開発する仕事です。産業用ロボットの開発のほか、自動車やバイク、航空、鉄道関係、おもちゃ・ゲーム機、製造機械など、さまざまな機械・メカトロニクスの設計とプログラムを手がけることができるエンジニア・開発技術者として、幅広い業界で活躍しています。

このような産業用ロボットを開発している

先生のおすすめ

　しずか君は、「制御プログラム開発者」をめざしてみては？ほとんどの作業はパソコンで行なわれるので、ゲームが大好きで毎日のようにパソコンで遊んでいるしずか君にぴったりの仕事だよね。プログラム言語を用いてプログラムを組むのだけど、一文字でもミスがあるとロボットは動かなくなってしまいます。大ざっぱな人はこの仕事にはむいていません。その点、しずか君はタイピングが速くて正確だから、安心です。
　一方、プログラムを開発する仕事は「理数系の方がむいている」という人もいます。式を書いたり、代入（計算のために、式の中の文字を数字に置き換えること）をしたりすることもあるので、数学が苦手なしずか君は、苦労する場面があるかもしれません。でも、高校数学のような複雑な計算を行なうことはあまりないので、中学校のうちに基礎をしっかり学んでおけば、十分対応できると思うわ。
　最近は、簡単なプログラムを制作しロボットを動かすことができる玩具も市販されています。興味があるなら、体験してみよう。

あかりちゃんのタイプにピッタリ
電気工事士

職人の技術で電気工事を行なう

一般住宅やビル、店舗、病院、工場といった、あらゆる建物の電気設備の設計・施工を行なう仕事です。電気工事士の資格は二種と一種があり、二種電気工事士は住宅や店舗の屋内配線や照明器具のとりつけなど一般的な電気の工事も行なうことができます。一種はビルや工場などの大規模な工事を行なうための資格です。

電柱の配線工事を行なう電気工事士

先生のおすすめ

「電気工事士」は、けっして手を抜かず、安全に正確に進めなければならない職人的な仕事なので、地道に作業に集中できるあかりちゃんなら適任だと思うわ。

何でも楽しく元気にやれちゃうのは、あかりちゃんのいいところだけど、やるべき作業手順を間違えたり、確認を省略したりすると火災が発生したり電気がショートしたり大きな事故につながる可能性があります。仕事の危険性と責任の重さをきちんと理解しよう。現場監督や責任者からの指示や説明をしっかり聞き、「わからないことはかならず聞く」「不安なときは先輩に確認する」などを徹底し、作業に関する報告、連絡、相談をきちんと行ないましょう。

電気工事士として働くには、「電気工事士」の資格試験に合格する必要があります。覚えることはたくさんあるけど、そこまでむずかしい試験ではありません。国語が好きで、本を読むのも苦にならないあかりちゃんだから、いまからコツコツ勉強していけば、クリアできると思うよ。

ロボットエンジニア 目加さんからの アドバイス

　機械・電気・ロボットの仕事を、ひと言でいうと、「技術・知識で、人の生活を豊かにする」仕事です。
　この仕事は大きく二つに分けられます。技術をいかして現場で電気工事やメンテナンスなどに携わる仕事と、知識をいかして工業製品や技術を開発する仕事です。さらに開発の仕事には、新しい技術や製品の研究、製品のデザインや設計、製品のプログラムなどがあります。
　技術は日進月歩で進んでいるので、どの仕事にも高い技術力が求められるとともに、いつも新しい技術を学び続ける探究心が必要です。
　とくにロボットの分野では、日本は「ロボット先進国」として、世界のトップを走っています。産業用ロボットや二足歩行の人型ロボットだけでなく、家庭用のロボットも開発されており、近い将来、「一家に一台ロボット」の時代が来るかもしれません。今後、どんなロボットが登場するのか、想像するだけでもワクワクしますね。

機械・ロボットに関するその他のお仕事

ロボットデザイナー、ロボットオペレーター、エンジニア、ロボット整備士、ロボット設計者、電子機器開発技術者、カスタマーエンジニア、情報通信エンジニア、電気エネルギー技術者

| 年齢 | 30代 | 性別 | 男性 |

業務内容 防災設備の点検

得意 コツコツと知識を学んでいくこと

苦手 失敗したときに気持ちを切り替えること

どんなお仕事ですか?

電気工事の職業訓練を受け、「電気工事士」という資格をとってこの仕事をはじめました。ほかにもいくつか関連する資格を持っています。主な仕事は、消火器や火災報知器など、ビルやマンションに設置されている防災設備の点検です。一つの建物につき、年に2回は点検をしないといけません。おなじ場所に毎日行くのではなくて、いろんな場所をまわって仕事をします。

お仕事中、気をつけていることはありますか?

お店や個人宅など、人がいる場所に入って仕事をするので、お客さまを不安にさせない説明や対応をするように心がけています。前の仕事が接客業だったので、そのときの経験もいかせていると思います。たいへんなことは、専門知識が必要なので、自分でもまだわからないことが多い点です。自分が思っていたよりも臨機応変さが必要な仕事だなと思っています。

お仕事のやりがいは何ですか?

この仕事のおもしろいところは、いろんな現場に行けることです。ビルやマンション以外にもいろんな現場があります。高齢者施設や病院、神社などにも行きます。神社のばあいは、実施する前にお祓いを受けたりするんですよ。出張が多く、地方に行った際は宿泊もするので、ちょっとした旅行気分が味わえます。

この仕事は、コミュニケーションが苦じゃない人や、電気系が好きな人がむいていると思います。電気オタクっていうんですかね。あとは、会社にもよりますが、体育会系のノリがわかる人の方がいいかもしれません。そういう人にはむいていると思います。

サービスを提供するお仕事

てつお君のタイプにピッタリ

柔道整復師

打撲・ねんざなどの治療を行なう

柔道から生まれた日本独自の治療術をベースに、打撲、ねんざ、骨折などの治療を行なうエキスパート。「骨つぎ」と呼ばれることもあり、「整骨院」「接骨院」などで働きます。柔道整復師になるためには指定学校または養成機関で3年以上学び、国家試験にパスしなければなりません。資格があれば独立して整骨院などを開業することもできます。

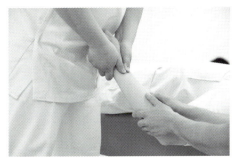
腕の治療を行なう柔道整復師

先生のおすすめ

「柔道整復師」は、医師ではありませんが、人の治療を行なう責任の重たい専門職。そのため、国家資格が必要で、解剖学や運動学、リハビリテーション医学などを学ばなければなりません。最近では、スポーツ医学や健康科学などをあわせて学び、よりプロフェッショナルな柔道整復師をめざす人も増えています。知的好奇心が高いてつお君なら、幅広い知識を持った柔道整復師になれるんじゃないかな。

実際に治療を行なうときには、患部に当て木をそえたりギプスで固定したり、またはテーピングを行なったり、さまざまな技術があります。てつお君は細かい作業は苦手だけど、手先の器用さが求められる仕事でもあります。ちょっぴり不器用でも、患者さんに接するときにはていねいに慎重に、それから誠実にきちんとむきあっていれば、だんだんと信頼も得られるでしょう。

こころちゃんのタイプにピッタリ
ネイルアーティスト

爪をケアし美しくデザインする

ネイリストとも呼ばれる仕事で、ネイルサロンや美容院などで、お客さまの好みに応じたさまざまな爪のデザインをするプロフェッショナルです。また、二枚爪などのトラブルを改善したり、爪のかたちを矯正したり、アドバイスを行なったりもします。資格は必須ではありませんが、スクールや講習会などで技術とセンスを磨き、エステサロンやネイルサロン、美容室などで働くのが一般的です。

細かい作業が必要なネイルアート

先生のおすすめ

「ネイルアーティスト」は、お客さまのヘアスタイルや洋服に合わせたデザインを提案することが大切なので、ファッション感覚に優れていなければできない仕事です。こころちゃんはいつもかわいい服を着ていて、おしゃれが好きだから、季節に合わせたすてきなデザインを考えることもできそうだよね。

ただ、小さな爪をデザインする細かな作業です。絵が得意なこころちゃんだけど、手先はけっして器用な方ではないので、慣れないあいだは、思うように描けなかったり、色がはみ出してしまったり、苦労するかもしれません。忙しいお客さまも相手にするので、できるだけ素早く作業を行なうスピードも要求されます。

ドラッグストアや100円ショップに、自宅でネイル体験ができるセルフネイルの道具も売っているから、興味があるなら試してみては？　時間を決めて作業を終わらせる練習もしてみよう。

ハイパー君のタイプにピッタリ
スポーツトレーナー・インストラクター

安全にスポーツの指導を行なう

【スポーツトレーナー】サッカーや野球などスポーツ競技において、選手が最高のコンディションで競技できるよう身体面からサポートする仕事です。

【スポーツインストラクター】スポーツクラブやジムなどで、トラブルや事故を未然に防ぎながら、個人個人の目的に応じたメニューを作成したり、運動を指導します。

●スポーツトレーナーの種類

アスレティックトレーナー
アイシングやテーピングなど選手のスポーツ障害を担当する
メディカルトレーナー
けがからの復帰が少しでも早くなるように手助けする
ストレングストレーナー
身体能力の向上のため筋力トレーニングなどの指導をする
フィットネストレーナー
スポーツジムなどで、個人のニーズに合わせた運動プログラムを提供する

先生のおすすめ

運動神経バツグンのハイパー君は「スポーツトレーナー」や「スポーツインストラクター」として活躍できるんじゃないかな。どちらの仕事も相手のモチベーションを高め最適なコンディションに持っていくことがポイント。ハイパー君の天性の明るさやテンションの高さは、この仕事では強みになるでしょう。

ただ、スポーツトレーナーもスポーツインストラクターも「縁の下の力持ち」であることを忘れてはいけません。あくまでもサポート役の裏方として、トレーニングする相手の体質や、健康上の課題をつかみ、その人に合ったアドバイスや指導をしなければなりません。ハイパー君が苦手とする「冷静さ」も必要な仕事です。

身体のしくみ、栄養、リハビリなどスポーツに関連する幅広い知識を持っておく方がいいでしょう。ハイパー君が知識と技術を身につけられれば、すばらしいプロフェッショナルになれると思うよ。

しずか君のタイプにピッタリ

はり師・きゅう師・あんまマッサージ指圧師

東洋医学の知識＆技術で人を癒す

はり師・きゅう師・あんまマッサージ指圧師は、いずれも国家資格で、東洋医学をベースにした知識と技術で、腰痛や肩こりを治療する専門職です。はり師は金属製のはりによる刺激を利用し、きゅう師はもぐさをツボの上で燃やして刺激を加え、あんまマッサージ指圧師は患部を押したりもんだりして身体の血行をよくし、こりをほぐします。とくに高齢者では腰痛や肩こりに悩む人が増え、「予防医学」の観点から東洋医学に注目が集まっています。専門学校によっては、三つの資格を同時に取得できるところもあります。

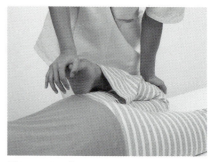

足のマッサージ

先生のおすすめ

しずか君は「はり師」「きゅう師」「あんまマッサージ指圧師」はどうかな？　しずか君のやわらかい優しい雰囲気は、身体のつらい症状に悩む人を癒す仕事にピッタリだと思うな。

だけど、身体にはりを刺したり、皮膚の近くで火をあつかったりといった危険な作業を行なうため、高い技術が求められます。そのため、定められた専門学校や大学で3年以上学んでから国家試験に合格しなければなりません。学ぶ分野も、医療、衛生学・公衆衛生学、関係法規、解剖学、生理学、リハビリテーション医学、東洋医学などたくさんあり、いっぱい資料を読む必要もあります。勉強が苦手なしずか君には、ハードルが高く感じられるかもしれません。だけど、国家試験の合格率はだいたい80％前後と高い割合です。まじめなしずか君だから、学校でコツコツしっかり学べば、きっと大丈夫だよ。

あかりちゃんのタイプにピッタリ
ペットショップの店員・トリマー

お店でペットのお世話をする

【ペットショップの店員】接客、販売、生体管理、商品管理、店舗運営の補助などを行なうのがペットショップ店員の仕事。食事や排泄の世話、健康管理、清潔維持、そうじなどを行ないます。

【トリマー】ペットサロンなどで、主に犬のシャンプーやカット、爪切り、耳そうじ、体調チェックなどを行なう仕事です。

犬の毛をカットしているトリマー
写真提供：青山ケンネルスクール

先生のおすすめ

「ペットショップの店員」には「動物が好きで根気強く世話を続けることができる力」が必要です。動物が大好きなあかりちゃんには、ピッタリだね。

お店によっては、犬や猫のほかにも鳥やイグアナなどの爬虫類、カブトムシなどの昆虫など、さまざまな生き物をあつかっています。それに命をあずかるお仕事だから、種類や寿命などの特徴をはじめ、世話の仕方や飼い方など、たくさんの知識が必要です。あかりちゃんは一度覚えたことは忘れないけど、同時にたくさんのことを覚えるのが苦手だから、できれば種類の少ないペットショップがいいかもね。いまから、まず需要の高い犬や猫の種類や特徴を勉強しておくと役に立つと思うよ。

ペットショップの店員は資格がなくてもなれますが、「トリマー」や「愛玩動物飼養管理士」の資格をとっておくと採用してもらいやすくなります。どちらも動物関連の専門学校に行くと勉強することができます。

占い師 未来さんからの アドバイス

　サービス業といわれる仕事は世の中に星の数ほどあります。「話し相手の派遣」「まゆげの美容院」「ペットの葬儀屋さん」「耳かき屋さん」「服選びの代行」など新しい職業もたくさん生まれています。

　新しいサービスがつぎつぎと生まれるので、生き残っていくためには、「相手を満足させられるサービスを提供すること」が大切。そのために、サービス業で働く人たちは、世の中にアンテナをはり、新しい技術を学んだり、最新の道具を取り入れたり、努力を続けなくてはなりません。

　私も占いの精度をあげるために最新の占い方法を勉強したり、パソコンを学び星占いのソフトを使ってデータ分析を行なったり、日々精進しています。

　業種によってターゲットも提供するサービスも違いますが、「サービスを提供し、お客さまに喜んでもらう仕事」というポイントはおなじ。お客さまに「また来るわ」「ありがとう」といわれるのが、何よりうれしい仕事です。

サービス業 に関するその他のお仕事

イベントコンパニオン、占い師、家庭教師、ボディーガード、クリーニング、ハウスクリーニング、ペットシッター、探偵、巫女、パチンコホールスタッフ、レンタル店の店員

| 年齢 | 20代 | 性別 | 男性 |

業務内容　クリーニング工場

得意　仕事に慣れたときの集中力の高さ

苦手　仕事に慣れるまで時間がかかる

どんなお仕事ですか？

　クリーニング工場に勤めています。複数のクリーニング店から服が届くので、それらの仕分け、洗い、乾燥、干し、梱包、発送までを一人で担当します。たまたま求人のチラシで見て応募したら受かったのではじめました。

お仕事中、気をつけていることはありますか？

　最初のころは、ファッションにくわしいわけではなかったので、仕分けるときのルールがわかりませんでした。たとえば、服の素材によって使う機械や洗剤が異なります。たんに洗うことは機械にぜんぶおまかせ、というだけではなく、しみ抜きが必要なものなど、いろいろです。

お仕事のやりがいは何ですか？

　こんないい方をするとまるで楽しくない仕事のように聞こえるかもしれないけれど、仕事をすればするほど楽しい面が見えてきました。いちばんのやりがいは、すぐに「服がきれいになった」という成果が出ることです。たとえば、自分でアイロンをかけたとき、しわがとれてぴしっとするとうれしくなります。

　ぼくは、一つひとつの仕事に集中するのが得意なので、作業の手順さえわかれば、仕事で迷うことがなくなりました。一日を通して忙しい仕事なので、その日が終わると達成感が得られるところも気に入っています。

　また、だんだん仕事に慣れてくると、この仕事はお客さまに「服をきれいにする」というサービスを提供する仕事なのだということがわかってきました。ぼくは直接お客さまと接することはないけれど、お客さまの大切な服をおあずかりしているということを忘れないようにしています。

学びをサポートするお仕事

てつお君のタイプにピッタリ

大学教員

大学で専門分野の研究・指導を行なう

学長、教授、准教授、講師、助手などがあり、一般的には専門分野の研究のほか、学生への講義や指導、大学の管理・運営などを行ないます。そのほか、専門の研究を論文にまとめて、学会などで発表することも大切です。大学に付属している研究所、付属病院、農場や植物園などの施設で、研究に専念している大学教員もいます。

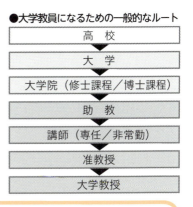

●大学教員になるための一般的なルート
- 高　校
- 大　学
- 大学院（修士課程／博士課程）
- 助　教
- 講師（専任／非常勤）
- 准教授
- 大学教授

先生のおすすめ

　頭脳明晰なてつお君には、「大学教員」がむいているよ。専門分野に対して深い理解と知識が必要な仕事なので、興味関心のあることに対して、いつまでも集中して考え続けられるてつお君にはピッタリの職業だよね。

　ただ、大学教員は、働ける分野が限られている「狭き門」です。また、研究だけが仕事ではないので、たとえば、学生に授業をしたり、就職の面倒を見たり、入試問題をつくったり、オープンキャンパスを開催したり、とっても忙しい仕事です。てつお君は、研究の時間が減ってしまうと元気がなくなっちゃうかもしれないわね。学生の相談に乗ったり、面倒を見たりするのも、てつお君の苦手分野だと思うけど、大好きな研究を続けるためだと思えば、がんばれるかな？

　何よりたいへんなのは、学校を卒業してすぐに大学教員になれるわけではないということです。30代で大学に就職できればラッキーで、40歳まで無職ということもあり得るから、アルバイトなどをしながらも探求心を持って努力し続ける覚悟が必要です。

こころちゃんのタイプにピッタリ

幼稚園教諭

幼稚園で子どもの教育を行なう

幼稚園で、満3歳から小学校入学前の子どもに教育を行なう仕事です。運動や遊びを通じて、子どもの人間性や感性、身体能力を育てていきます。また、小学校にあがる前に集団生活のルールを教えたり、日常生活に必要なしつけを行なったりすることも、幼稚園教諭に求められる役割です。

● 幼稚園の先生の1日

6:40	出勤
7:00	（早朝保育で預かる）子どもの登園
8:30	登園
9:00	自由遊び
11:00	季節の遊び
12:15	昼食
13:30	降園
14:00	反省会
15:00	事務作業・行事準備

だれに対しても優しくて、絵を描くのが得意なこころちゃんは、人気の「幼稚園の先生」になれると思うよ。

だけど、こころちゃんは、話しかけてくる子どもは大丈夫でも、おとなしい子にはどうやってかかわっていいのか困ってしまうかもね。大切なのはどんな子にも「関心を持って接すること」。何が好きで何がきらいなのか、いつもと変わったようすはないか、その子に興味を持っていれば、かかわり方のポイントがわかってくるはずだよ。

幼稚園の先生が担当する子どもは一人じゃなくてたくさんいるから、まずは一人ひとりの顔と名前を覚える必要があります。こころちゃんは名前を覚えるのが苦手だから、最初はたいへんかもしれないね。写真を撮ったり、特徴をメモしたり、できるだけ早く覚える方法を考えようね。

自由な子どもたちを相手に臨機応変に対応しなければならない仕事なので、いまから日々の学校でしないといけないことに早め早めにとりかかって、忙しくても慌てないで落ち着いて行動できるように練習しておいた方がいいでしょう。

ハイパー君のタイプにピッタリ

塾講師

塾で生徒に勉強を教える

中学・高校・大学合格をめざす生徒に、勉強を教えたり、受験対策を行なったりするのが、主な仕事。1対1で指導したり、グループで教えたり、塾により指導の方法は違います。ほかにも担当する生徒の学習計画を立てたり、志望校の情報を集めたり、生徒の悩み相談に乗ったり、親御さんと面談を行なったり、さまざまな仕事があります。

子どもを指導している塾講師

先生のおすすめ

「塾の先生」は、学校の先生と違って、おもしろい授業をして生徒を引きつけ、学校の成績をあげたり、目標の学校に合格させることが大事。いろんなことをおもしろおかしく、自分なりの見方で考えられるハイパー君なら、おもしろい授業ができそうだね。それに、塾の先生なら、すべての科目に精通している必要はなくて、自分の得意科目だけを教えることができるから、興味があることに対してはがんばれるハイパー君にはむいていると思うよ。

一方で、いかに生徒を増やすかという営業の視点も大事だから、授業以外にもいろんな仕事があります。ダイレクトメールを送ったり、見学に来た人の対応をしたり。事務作業もたくさんあるから、ときにはハイパー君が苦手な仕事も任される可能性があるわ。苦手なことだとハイパー君のモチベーションは、ぐっと下がってしまうかもしれませんが、先輩やまわりの人に助けてもらいながら、苦手なことにも対応していけるといいね。

いろんな生徒に頼られ、喜ばれることがこの仕事のやりがい。ハイパー君なら、子どもたちのお兄さん的存在として、力を発揮できると思うわ。

しずか君のタイプにピッタリ

パソコン教室のインストラクター

パソコン教室で使い方を指導する

　パソコンメーカーやパソコンスクールで、パソコンやソフトウェアの使い方を指導します。マウスやキーボードにさわったことがない超初心者から、専門的なソフトウェアを使いこなせるエキスパートの養成まで、対象はさまざま。パソコン操作にくわしいだけではなく、わかりやすく教えることができる人が求められます。

パソコン教室で教えるインストラクター

 先生のおすすめ

　しずか君は、「パソコン教室のインストラクター」をめざしてみては？　ほとんどの教室では、すでにある練習プログラムにそって進めていくので、しずか君のスキルがあれば、問題なく仕事ができると思うよ。

　ただし、お客さまが少ない教室では、教えるだけではなく、営業みたいなこともしないといけないばあいがあります。たとえば「お試し入室」をしてきた人たちにプログラムを体験してもらい、入室をすすめたりします。自分から人に話しかけるのが得意ではないしずか君には、むずかしく思えるかもしれないね。

　インストラクターをめざすなら、これからもパソコンをどんどん使って、できることを増やしておこうね。ゲームだけじゃなく、ワードやエクセルで書類をつくってみたり、ホームページを開設してみたり、いろんなことにチャレンジしてみよう。

あかりちゃんのタイプにピッタリ
学童保育のスタッフ

小学校の放課後に子どもをあずかる

小学校の放課後や夏休み・冬休みなどの長いお休みのあいだに、共働き家庭や一人親家庭の子どもたちをあずかる学童保育のスタッフとして、宿題をみたり、遊んだり、おやつを準備したりする仕事です。とくに資格は必要ありませんが、学童保育で子どもを指導するプロをめざすなら、「放課後児童支援員」の資格があります。

●学童保育は地域によりさまざまな呼び名がある

- 学童クラブ
- 放課後（児童）クラブ
- 学童保育所
- 留守家庭児童会（室）
- 児童育成会（室）

＊略称として単に「学童」と呼ばれる

先生のおすすめ

あかりちゃんは、「学童保育のスタッフ」にむいていると思うよ。人のお世話をするのが好きで、優しいあかりちゃんは、子どもたちのお姉さん的存在として愛されるスタッフになれるんじゃないかな。

スタッフとして気をつけなくちゃならないのは、「安全管理」です。小学生はとにかく元気！「目をはなしたらいつの間にかどこかに行っちゃった」なんてことになったらたいへん。毎日いろんなことが発生する仕事だから、何か困ったことが起きたときに、一人で勝手に判断しないで、かならずほかのスタッフに助けを求め、相談しようね。

学童保育では、子どもだけじゃなく、親御さんと接する機会もたくさんあります。親御さんに安心して子どもをあずけてもらうためには、「信頼できるスタッフだな」と思ってもらわなければなりません。きちんとした態度や言葉づかいができるように練習しておこう。

高校教員 富士先生からの アドバイス

　教育関係の仕事では、予想外のことや、トラブルもたくさん起こります。ときには親御さんからクレームが来たり、生徒から重たい相談を受けたりすることもあり、凹むことも多い毎日です。しかも、日々、忙しいので、精神的にもタフでなければつとまらない仕事かもしれません。

　最近では、学校や大学、進学塾や学習塾のほか、大人のための習いごとや職業教育のニーズも高まってきています。小さな子どもから大人まで、教える対象はさまざまですが、どの仕事にも共通しているのは、体力が大事だということ。たとえば、自分が風邪をひいたら生徒にもうつしちゃう危険があるし、授業を休まなくてはならなくなり、みんなに迷惑をかけてしまいます。ふだんから風邪やインフルエンザには気をつけて、体調管理を心がけましょう。

　責任が重い仕事ですが、生徒の成長を実感し、間近で見守ることができる、やりがいのある仕事であることは確かです。

教育 に関するその他のお仕事

ピアノ教師、ジュニアスポーツ指導員、小学校教員、中学校教員、養護教員、特別支援学校教諭、予備校講師、日本語教師

先輩の声

- 年齢 40代
- 性別 男性
- 業務内容 塾のテキスト編集
- 得意 わからないことを調べること
- 苦手 耳だけで聞いて理解すること

どんなお仕事ですか？

ぼくは、塾を運営している会社に勤めています。仕事の内容は、教室で使うテキストの編集や校正がメインです。ぼくは社会科を担当しているのですが、社会科は学校の教科書が変わっていくので、それに対応していろいろな修正をしていきます。たとえば「米の生産量 都道府県別ベスト3」というのも毎年データが変わりますし、最近だと「聖徳太子像といわれている絵が本当に聖徳太子なのかどうか」を調べました。歴史分野でもつねに編集や訂正が必要です。

お仕事中、気をつけていることはありますか？

ほかには教室の現場スタッフからの問い合わせに対応しています。もともと耳から聞いて理解することがむずかしく、電話自体が苦手でした。克服するために電話対応ノートをつくり、どんどん自分の経験値を高めていきました。

調べることが得意で、好きなんです。だから、わからない問い合わせ内容も、いったん受けつけて、あとで調べます。ただ調べることに時間をかけ過ぎてしまうと、ほかの仕事をする時間が減ってしまうので、その点は気をつけています。

お仕事のやりがいは何ですか？

じつは、ぼくはもともと教員でした。けれど、うまくいかないこともあって、いまの会社に転職をしています。面接でいわれたのが「教員だけが教育ではないよ」ということ。これだけ多様な学び方が求められている社会において、たしかに学校の教員だけが教育に携わっているわけじゃない。ぼくは塾のテキストをつくるというかたちでかかわれているし、さまざまな学び方・教育のあり方が認められる社会だといいなと思います。

自然や生物にかかわるお仕事

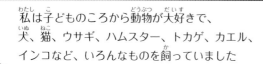

てつお君のタイプにピッタリ

樹木医

樹木のケアをするお医者さん

天然記念物のような樹木から街路樹や庭木まで、弱った樹木の診断やケアを行なうスペシャリスト。樹木医の資格試験を受けるためには、最低7年の実務経験が必要です。けれども、特定の大学で学び卒業すれば「樹木医補」の資格を得ることができ、1年以上の実務経験を積むことで、樹木医の資格試験が受けられます。

樹木診断を行なっている樹木医
写真提供：大島造園土木株式会社

てつお君は動物があんまり得意じゃないみたいだから、「樹木医」なんて、どうでしょう？　文字どおり「樹木のお医者さん」です。資格をとるには、樹木だけではなく、地質や土壌、気象や地形、昆虫や菌類まで、幅広い知識が求められるからたいへんだけど、知的好奇心が旺盛なてつお君なら、頼れるお医者さんになれるんじゃないかな。

だけど、残念ながら樹木医の仕事だけで生計を立てている人は、まだあまりいません。ふだんは造園会社や植木屋さんで働いていたり、研究・教育職に就いている人がほとんど。しかも、樹木の病気の原因を見つけ、健康な状態に戻すためには数年単位の長い時間がかかるため、根気強く仕事にかかわれる忍耐力がなければ、できない仕事です。高いところに登ったり、重たい荷物を運んだり、てつお君が苦手な肉体労働も避けて通れません。

ただ、てつお君は自分が好きなことにはとことんのめり込めるので、樹木に興味があるなら、チャレンジしてみる価値はあるかもしれませんね。

こころちゃんのタイプにピッタリ

ガーデナー

花壇や庭のデザインを行なう

ハウスメーカーの造園部門や造園会社に勤務し、家の庭や公園の花壇などのデザインを考えます。「ガーデンデザイナー」と呼ばれることもあり、色とりどりの季節の花や植物を使って美しい景観をつくりあげます。庭、公園や街路樹、マンションの周囲に植えられた花・樹木などの手入れなどを行なうのもガーデナーの仕事です。資格は必須ではありませんが「ガーデンコーディネーター」などの資格があると就職に有利です。

庭の手入れをしているガーデナー

 先生のおすすめ

こころちゃんはお花が好きなので、「ガーデナー」の仕事がむいていると思います。絵を描くのが好きでセンスがいいので、きれいなお庭をつくることができるんじゃないかな。

けれども、たくさんの花のなかからそのお庭の環境に合う植物や季節の花を選んでいかないといけないので、簡単な仕事ではありません。植物の性質や手入れの方法などを知っていなければ、枯らしてしまったり、大きくなり過ぎて手入れがむずかしくなるなどのトラブルにつながります。花や樹木に関する勉強をたくさんする必要があるけど、大丈夫かな？

ガーデナーをめざすなら、ふだんから、花や樹木に興味・関心を持っておくようにしましょう。学校や身のまわりに咲く花や樹木の名前を覚え、どんな性質があるのか調べてみてね。また、定期的にお花屋さんに行って、季節ごとの花や樹木の知識を増やそう。

ハイパー君のタイプにピッタリ

潜水士

水の中に潜り、作業を行なう

潜水士は海や河川、湖、下水、ダムといった水の中にボンベをかついで潜り、救助や捜索のほか、魚介類をとったり、水中で建築工事をしたり、船を修理したり、海の状態を調査したり、さまざまな作業を行ないます。潜水業務を行なう民間企業で働くほか、大学や研究所に所属したり、海上自衛隊や警察などの公的な組織に勤め公務員として活躍する潜水士もいます。

海中調査を行なっている潜水士

先生のおすすめ

「潜水士」の仕事は、とにかく体力勝負。日々のトレーニングも欠かせないので、身体を動かすことが好きなハイパー君にむいていると思うな。

安全かつスピーディーに進めるためには、チームで仕事を行ないます。だから、「仲間と力を合わせて仕事を進めるぞ」という信頼関係が大切です。ハイパー君はときどき気持ちだけ先走って、スタンドプレーをしてしまうから、気をつけてね。仕事では、できるだけいつも冷静に、自分がどう動けば役に立つのか、ほかの人が動きやすいのかを判断しながら行動することが大切です。

潜水士として一人前になるまでには、日々訓練しながら、長い経験を積んでいかなければなりません。ハイパー君は、「忍耐」や「努力」はあまり好きではないかもしれませんが、高い目標にむかって、がんばれるといいね。潜水士免許をとるのはそんなにむずかしくないので、いまのうちから泳ぎの練習をしていけるといいね。

第1章 お仕事ガイド【自然や生物にかかわる】

しずか君のタイプにピッタリ

ビオトープ管理士

野生の生態系を再現し、保護する

ビオトープとは、「野生の生物や植物が生息する空間」を示すドイツ語です。学校や公園などで自然を再現し、メダカやトンボなどの生物がすむ生態系を守ったり、取り戻したりするのがビオトープ管理士の仕事。「ビオトープ計画管理士」と「ビオトープ施工管理士」があり、ビオトープ計画管理士は自然を保護・復元するための都市計画や農村計画を考えます。ビオトープ施工管理士は、実際にビオトープをつくります。

小学校にあるメダカのすむビオトープ

 先生のおすすめ

「ビオトープ管理士」は、なかなか人間の思うとおりにはいかない自然とかかわる仕事なので、根気や忍耐力が必要です。まじめでコツコツ努力できるしずか君には、うってつけの仕事ではないかと思います。苗を植えたり、草をむしったり、手先の器用さが求められる作業です。その点、しずか君は器用で細かい仕事も得意なので安心ですね。

ただし、重たいものを運んだり、土を耕したり、池を掘ったり、体力や運動神経も求められます。野外での活動が多いので、猛暑や極寒の日の作業も考えられます。いまのうちに、もう少し体力と筋力をつけておいた方がいいかもね。

ビオトープ管理士に興味があるなら、学校や地域のビオトープづくりに積極的に参加してみましょう。

あかりちゃんのタイプにピッタリ
ブリーダー・動物看護師

動物の繁殖や改良、診療や治療を行なう

【ブリーダー】犬や猫などの動物の繁殖や改良を専門に行ないます。ペットショップなどで働く人もいますが、自宅で開業したり、副業としてブリーダーをしている人もいます。

【動物看護師】動物病院などで動物の診療や治療を行なう獣医師のサポートを行ないます。受付や診療補助、検査、看護、手術補助など仕事は多岐にわたります。

猫の体調を検査する動物看護師

先生のおすすめ

餌をあげるのを忘れたり、自分の都合で動物をないがしろにしてしまう人は、「ブリーダー」にはむいていません。あかりちゃんは動物が好きで、家でも猫のお世話ができているのでむいているのでは？

だけど、ブリーダーは一度に何匹もの動物を育てるから、ペットとして猫を飼うのとは勝手が違います。病気になったりけがをしたりといったトラブルも起きることが多いので、対応できる知識も必要です。あかりちゃんは本を読むのが好きだから、いまのうちからたくさん動物に関する本を読んでおきましょう。

そのほか動物にかかわる仕事でおすすめなのは、「動物看護師」です。動物の病気や治療に関する知識が必要なので、専門学校などで学び「動物看護師統一認定試験」の資格を取得するのが近道です。

獣医 熊田先生からの アドバイス

　犬や猫などのペットの治療を行なうというイメージが強い獣医師ですが、実際には牛・馬・豚・鶏など家畜の診療や病気の予防、動物園の動物の管理、野生動物の保護など、さまざまな仕事にかかわっています。ゾウやキリンなど、時には自分の体重より重い大きな動物をあつかうこともあるし、動物があばれることもあるので、意外に力仕事なんだよ。

　そのほか、動物に関連する仕事には、トリマーやブリーダーなどのペットビジネスにかかわる仕事や、動物園や水族館で生物の世話をする仕事などがあります。

　自然に関連する仕事としては、環境コンサルタントなどの環境保全系の仕事、ネイチャーガイドや自然観察指導員など自然とのふれあいをサポートする仕事があります。

　どの仕事も、日々、自然・生物とふれあう仕事なので、自然・生物に対して深い愛情があることが基本ですが、職種によっては高い専門知識も求められます。本気で「自然を守りたい！」「動物を守るぞ！」って思うなら、お勉強もがんばってくださいね。

自然・生物に関するその他のお仕事

レンジャー（自然保護官）、環境保全エンジニア、ドッグトレーナー、動物飼育員、動物調教師、ペットシッター、庭師、森林インストラクター、アウトドアインストラクター、林業技士

- **年齢** 20代　**性別** 男性
- **業務内容** 海水浴場のライフセーバー
- **得意** パトロールをしながら危険を見つけること
- **苦手** することがないと集中力が切れてしまうこと

どんなお仕事ですか？

　大学時代のことになりますが、アルバイトで海水浴場のライフセーバーをしていました。
　ライフセーバーの主な仕事は、タワーの上から危ないことをしている人がいないかどうかチェックをすることと、海水浴場を歩いてパトロールをすることです。ライフセーバーというと、おぼれている人を助けるというイメージが強いかもしれないけれど、仕事の大半は、危険なことをしている人に注意して、事故を防ぐことです。海水浴場にはいろんな人が遊びに来ます。たとえば、禁止されているのに釣りをしてしまう人がいたり、全裸で泳いでいる人がいたり……。そういった人に注意をして、事故を起こさないようにします。

お仕事中、気をつけていることはありますか？

　私は、一つの場所でじっとしているよりは、パトロールをしながらお客さまに声をかけるほうが好きでした。タワーの上でじっとしていると眠くなってしまうこともあるので、なるべく動くようにしていました。

お仕事のやりがいは何ですか？

　仕事でいちばん楽しかったのは、子どもが大好きなので、子どもを対象としたライフセービング教室や遠泳教室を開いたりしたことです。
　そして何より、同期の友人と出会えたことが大きいです。仕事を通して、人との出会いに感謝をしています。

感動を生み出すお仕事

てつお君のタイプにピッタリ

学芸員

博物館や美術館で資料を管理する

美術館や博物館（歴史、芸術、民俗、産業、自然科学、資料館など）に勤務し、作品や資料の収集、管理などを専門的に行ないます。展覧会の企画・運営を行なったり、利用者に展示の案内をしたり、講演を行なったりすることも多く、教育・普及活動にも取り組みます。学芸員になるためには、学芸員の資格を取得しなければなりません。

貴重な資料も取り扱う学芸員
写真提供：京都造形芸術大学 通信教育部

先生のおすすめ

「学芸員」は、勉強や研究が好きな人でなければつとまらない仕事です。分野にもよるけれども、さまざまな資料を集め、ときには古文書を読んだり、海外の論文を読んだりしなければならないこともあります。知的好奇心が旺盛なてつお君なら、その点、心配ないですね。

ただし、学芸員は研究者とは違い、調査・研究だけをしていればいいわけではありません。展示の企画など、博物館や美術館の運営も大切な仕事。あまりマニアックな内容だとお客さんが来てくれないので、「どんな展示なら興味を持ってもらえるか？」「どうやってPRするか？」など、仕事仲間と一緒に考えなければなりません。てつお君は、マニアックに走り過ぎる傾向があって一般受けすることに興味がないけど、頑固になり過ぎず、みんなの意見も聞きながら、たくさんの人に関心を持ってもらえる企画を考えようね。

その点がクリアできて、「鉄道博物館」の学芸員になれたら、夢のような毎日なんじゃないかしら。

こころちゃんのタイプにピッタリ
楽器インストラクター

楽器の弾き方を教える先生

音楽教室で、ピアノ、ギター、ドラム、ベース、バイオリン、ウクレレなど、さまざまな楽器を教える仕事。子どもから大人、初心者からプロをめざす人まで、レベルに応じて指導します。とくに資格は必要ありませんが、音楽系の大学、専門学校などで学んでから、楽器販売店、スクールなどに就職する人が多いようです。

生徒にピアノを教えるインストラクター

先生のおすすめ

こころちゃんは子どものころからピアノを習っているよね。「楽器インストラクター」なんてどうかしら？

楽器インストラクターは、楽器がじょうずに弾けさえすれば、できる仕事ではありません。楽器の技術よりも、むしろ大切なのは、人にわかりやすく教える技術です。こころちゃんはおしゃべりは得意なタイプじゃないから、いまから、落ち着いて相手に必要なことを伝える練習をしていこうね。

音楽教室のなかには、防音が完全ではないところもあります。隣の教室の音がもれ聞こえたり、さわがしい環境で教えなければならないばあいもあるかもしれません。こころちゃんは、一度にたくさんの音を聴きわけることと、大きな音がしているところでの会話はむずかしいときがあるから、防音がしっかりした音楽教室で働くようにするとよいですね。

ハイパー君のタイプにピッタリ

イベント制作スタッフ

ワクワク楽しいイベントを企画

企業のキャンペーンのほか、博覧会や展示会、フェスティバル、コンサートなど、さまざまなイベントを企画・制作・実施します。とくに資格などは必要なく、大学・短大・専門学校などを卒業したあと、イベント制作会社や広告代理店に就職する人がほとんどです。経験を重ね、イベントプロデューサーになる人もいます。

●イベントの種類

企業・団体	展示会・セミナー・研修会・製品発表会・販促イベント・表彰式・会議・企業説明会・展示即売会・物産展・プライベートショー・デモンストレーション・社内見学会・工場見学会・優待セール・試写会・講演会・シンポジウム・コンテスト・スポーツイベント・抽選会・博覧会・文化祭・福利厚生イベント・歓迎会・送別会・周年記念・各種式典・パーティー・社員旅行・新年会・忘年会など
自治体・団体等	観光PR・特産物PR・食のイベント・お祭り（縁日）・年中行事・体験型イベント・伝統芸能・大衆芸能・スポーツイベント・ネイチャーイベント・イルミネーション・ライトアップ・花火大会・講演会・講座・シンポジウム・健康福祉イベント・フリーマーケット・竣工式・開通式・地鎮祭・トークショーなど
教育機関	学園祭・文化祭・講演会・競技会・技能大会・運動会・懇親会・課外授業など
個人・その他	ホームパーティー・結婚式・披露宴・二次会・サークル活動・セミナー・音楽イベント・スポーツイベントなど

みんなをワクワクさせる楽しいイベントを行なうためには、斬新なアイデアを打ち出す発想力や、企画を実現していく実行力が必要。アイデアマンで、枠にとらわれない自由な発想を持ったハイパー君は、「イベント制作スタッフ」の仕事がピッタリだと思うな。

実際イベントをつくっていくときには、演出、音響、照明、美術など、さまざまなスタッフとチームで動くことがほとんどです。大勢のスタッフに指示を与えたり、関係各所の調整を行なったりする必要もあるため、コミュニケーション力と強いリーダーシップも求められます。ハイパー君は一人で突っ走ってしまう傾向があるので、全体を「俯瞰（高いところから見おろすこと）」しながら、みんなをまとめていく力がつけられるといいよね。

そのためには、宣伝・音響・照明・映像などについての知識を持っておくことも大事。イベント会社でアルバイトしてみるのもいいかもね。経験を積めば、情熱とアイデア、そして知識をかね備えた、イベント制作スタッフになれると思うな。

しずか君のタイプにピッタリ

サウンドクリエイター

ゲームなどのデジタル音楽を制作

　コンピュータを使って、ゲーム音楽やアニメ、映画などに使われるデジタルサウンドをつくり出す職業の総称です。一般的には、音楽を総合的にプロデュースする「サウンドディレクター」、作曲を担当する「サウンドコンポーザー」、プログラムに打ち込む「サウンドプログラマー」などに分かれています。ゲームメーカーやゲーム制作会社（プロダクション）、音楽・アニメ・映像コンテンツなどの制作会社に就職するのが一般的です。

音楽をつくるアプリケーションの画面

　「サウンドクリエイター」には音楽の知識も必要だけど、重要なのはパソコンのスキル。ゲームが大好きなしずか君ならパソコンはお手のものだし、大好きなゲームとかかわる仕事なのでやりがいがあると思うよ。ただし、サウンドクリエイターとしてパソコンを使うときには、音楽をつくる専用のソフトを使うの。いつもしずか君がパソコンで遊んだり調べものをしているときとは違うスキルが必要になるから、初心者用のフリーソフトを試してみるといいかもしれないわ。
　制作現場では、ほかのスタッフと打ち合わせを行ないながら、チームでサウンドを仕上げていきます。そのため、コミュニケーション力や協調性、社交性、理解力、交渉力が求められます。しずか君は人の話はしっかり聞けるけれど、自分の主張を伝えるのは苦手だよね。その点が少し心配かな。
　サウンドクリエイターに興味があるなら、いまからいろいろな音楽を幅広く聴いて、耳を肥やしておこうね。

あかりちゃんのタイプにピッタリ
歌手・ダンサー

人を楽しませるエンターテイナー

【歌手】ポップス、ロック、ジャズなどの歌を歌う仕事。CDを発売したり、テレビやコンサート、ライブハウス、バーやレストランなどで歌うこともあります。

【ダンサー】クラシックバレエ、ストリート系ダンス、社交ダンス、ミュージカルなどで踊る仕事。歌手のうしろで踊るバックダンサーや、振付師として活躍する人もいます。

ライブハウスで歌うアーティスト

先生のおすすめ

「歌手」「ダンサー」などの仕事はとにかく「好感度」が必要。いつも元気で笑顔のあかりちゃんなら、きっとファンサービスも積極的にできて、人気者になることができるでしょう。

もちろんエンターテイナーは、一芸に秀でていなければつとまらない仕事です。歌手は歌がじょうずでなければならないし、ダンサーは踊りがうまくなければなりません。合唱部やダンス部に入部して実力を試してみてもいいかもね。発表会や文化祭などで、パフォーマンスを披露し、経験を積んでみては？ お客さんに喜んでもらえれば、「芸を磨こう」というモチベーションもあがるはず。

でもこの仕事は不規則で、ハードスケジュールです。決まった時間に終わらないこともあるし、ときには長時間働くことや夜遅くまで働くこともあります。どんなときでも仕事に前むきに取り組める、気力と体力が必要です。

第1章　お仕事ガイド【感動を生み出す】

ミュージカル俳優 夢子さんからのアドバイス

芸術的センスや創造力をいかして作品をつくったり、パフォーマンスを行なったりする人たちは、「アーティスト」と呼ばれたりします。たとえば、画家や陶芸家、ミュージシャン、俳優やダンサーなどなど……。だけど実際にアーティストとして食べていくのは簡単なことではないから、ほとんどの人たちはほかの仕事をやったり、アルバイトをしたりしながら、アマチュアやセミプロとして表現活動を続けています。

自分の作品を生み出す以外にも、芸術にかかわる仕事はあります。美術館・博物館などの学芸員、子どもたちに芸術の魅力を教える美術教師や音楽教師、楽器の指導をするインストラクター、作品の魅力を人びとに伝える評論家など。どの仕事も、専門的な知識やスキルが必要なので、芸術を愛する感性だけでは、やっていけないんじゃないかな。

いずれにしても、好きなことへの強いこだわりや、熱意がなければ続けられない仕事ですね。

芸術に関するその他のお仕事

クラブDJ、ピアニスト、作曲家、作詞家、音楽プロデューサー、指揮者、ピアノ調律師、編曲家、歌舞伎役者、能楽師、振付師、華道家、画家、写真家、原型師、彫金師、彫刻家、版画家、仏師

| 年齢 | 30代 | 性別 | 女性 |

業務内容 劇団の裏方

得意 細かい手作業

苦手 電話応対・暗算

どんなお仕事ですか？

劇団の裏方の仕事をしていました。仕事内容は、何でもです。チラシを送ったり、チケットを売ったりなどの事務作業もするし、ごみ捨て、郵便局へのおつかいなど庶務的なことも。公演が近くなると、小道具をつくったり、衣装の縫物をしたりなど、かなり幅広く仕事をしていました。

お仕事中、気をつけていることはありますか？

当時は、まだ若くて、仕事をほとんどしたことがなかったので、電話をとったときはたいへんでした。敬語もどうすればいいかわからなかったし、聞きながらメモをとることもできなくて。そこで、電話のメモを用意するようにしました。あらかじめ日時を書く欄や、用件を書く欄を用意しておいて。項目を準備しておけば、だいぶ慌てることが減りました。

お仕事のやりがいは何ですか？

いちばんのやりがいは、何もないところから公演をつくりあげていくことにかかわれるところです。ストーリーはどうするか、世界観は？ などを考えていって、最終的にそれがかたちになる。キャスティングが決まると、一気に具体的になってきて、ワクワクしていました。

物販などは、計算が本当に苦手だったので、電卓を使っていてもお客さまを待たせてしまったりすることもありました。けれど、最終的にお客さまが喜んでくれたらうれしいし、苦労したかいがあったなと思います。

いまは別の仕事をしているのですが、劇団の仕事にかかわれた時期のことは大切に思っています。その経験が私を成長させてくれたと思います。

てつお君のタイプにピッタリ
OAオペレーター

パソコンでデータ・資料・書類を作成

パソコンを使って、データ・資料・書類を作成する仕事。主にワードやエクセル、パワーポイント、アクセスなどのソフトを使います。タッチタイピング（キーボードを見ないで打つこと）ができることと、ワードやエクセルの基本操作ができることは最低条件ですが、データ集計などエクセルの関数を使う仕事が多いため、「パソコン検定」や「マイクロソフトオフィススペシャリスト」といったオフィスソフトに関する資格をとっておくと便利です。

● OAオペレーターにかかわるさまざまな資格

パソコンインストラクター資格認定試験
Access®ビジネスデータベース技能認定試験
Excel®表計算処理技能認定試験
ICTプロフィシエンシー検定【P検】
Word文書処理技能認定試験
コンピュータサービス技能評価試験
情報検定【J検】
パソコン技能検定Ⅱ種試験
マイクロソフトオフィススペシャリスト（MOS）
日商PC検定試験

先生のおすすめ

「OAオペレーター」は、キータッチのスピードはもちろん、働く業界の知識や専門用語などをきちんと理解しておく必要があります。だけど、勉強熱心なてつお君ならすぐになれるでしょう。英語も得意なので、外資系企業のオペレーターをめざすのもいいかもしれません。

一人でもくもくと作業をすることが多い仕事だけど、会社によってはチームでの作業や、電話応対などを任されることもあります。てつお君は作業にのめり込むと、人に話しかけられても気がつかないことが多いから、できるだけ一人で集中できる仕事を選べるとよいでしょう。

この仕事に興味があるなら、いまからパソコンの操作に慣れ親しんでおこう。とくに、エクセルが使いこなせれば、仕事に有利です。エクセルのVLOOKUP関数やピボットテーブルはおもしろいから、てつお君はハマっちゃうかもね。

第1章 お仕事ガイド【システム系】

こころちゃんのタイプにピッタリ

グラフィックデザイナー

主に印刷物のデザインを行なう

パソコンを使って、雑誌の広告やポスター、チラシ、商品パッケージなど、印刷物のデザインをする仕事です。特別な資格は必要ありませんが、美術系の大学や専門学校でデザインを学ぶ人が多いようです。デザイン会社や、広告代理店・広告制作会社、企業の宣伝部などが主な職場ですが、フリーで働く人も少なくありません。

印刷物のデザインをしている

 **先生のおすすめ**

「グラフィックデザイナー」は、編集者やディレクターなどからオーダーを受け、「イメージどおり！」と思える、デザインを制作する必要があります。さらには、その人ならではの個性を持っていることも、大事なポイント。

こころちゃんは絵が好きでとてもじょうずなので、むいているね。好きな絵をたくさん描いているうちに、「自分にしか描けないデザイン」を見つけ出すことができるはず。自分が描きたいと思った世界を表現できるように練習を続けよう。

でもどんなにすてきなデザインがつくれても、締切を守れなければ、たくさんの人に迷惑をかけてしまいます。こころちゃんはゆっくり作業するタイプだから気をつけよう。まずは期限を守って宿題を提出することからはじめてみようか。

ほとんどのばあいは、パソコンを使ってデザインをするので、デザイン系の専門学校や芸術系の大学に進んで、基本的な技術を勉強しておくといいかも。

ハイパー君のタイプにピッタリ

セールスエンジニア

ITシステムなどの営業を行なう

お客さまのもとを訪ね、システム機器・機械設備・ソフトウェアなどの製品や技術の説明を行ない、販売する仕事です。「技術営業」といわれるとおり、技術についての知識と、営業のスキルをあわせて持っていなければなりません。あつかう製品は、主に企業に納めるシステム機器・機械設備・ソフトウェアなど多岐にわたります。

●セールスエンジニアの働き先

- IT系企業
- ソフトウェア・システム開発
- 機械工作メーカー
- 産業メーカー

先生のおすすめ

セールスでお客さまに商品を買ってもらうためには、情熱を持って商品の説明をし、関心をひかなければなりません。ハイパー君は自分が大好きなものを、楽しそうに話すのが得意だよね。ハイパー君の話を聞いていると、「おもしろそうだなあ」「どんなものなのかな？」って興味がわいてくるので、この仕事にむいていると思います。

だけど、「セールスエンジニア」になるためにはおしゃべり上手なだけではなくて、自社製品に関する専門的な知識が必要よ。ハイパー君にはてつお君やしずか君っていうパソコンが好きな友だちがいるよね。今度ぜひ二人にパソコンの機能について聞いてみるといいわ。パソコンの知識がつくだけでなく、「くわしい人にじょうずに頼る」というコミュニケーションスキルも高めることができるからね。

また、つねに人に見られる仕事だから、ふるまいや立ち姿も重要。シャキッと姿勢よく、を意識していこう。

しずか君のタイプにピッタリ
ITトラブルシューター

IT関係のトラブルを解決する

　企業内で、ネットワークやシステムなどITに関するトラブルについて、状況を把握し、問題に対処して、解決する仕事です。トラブルを未然に防ぐための点検や管理も行ないます。「システムがダウンした」といった大きなものから、「パソコンが動かなくなった」「ファイルが開けない」といった、パソコンに関するありとあらゆる相談に乗ります。社内SE（システムエンジニア）が担当することも多いようです。

●トラブルシューティングの手順

原因分析
- 状況の把握
- 原因の切り分け
- 原因の仮説

対処
- 対処と検証
- 再発防止

先生のおすすめ

　しずか君は「ITトラブルシューター」が適任だと思うな。パソコンの使い方に精通していなければならないし、困っている人の相談に乗ることもあるので、コミュニケーション能力が必要です。その点、しずか君はおだやかで人の話を聞くのが得意だし、パソコンの操作はお手のものなので、この仕事にむいているんじゃないかな。

　だけど、ときには深刻なシステム障害など、スピードと即座の判断が要求されるケースもあります。じっくり考えたくてもそんな余裕はありません。そんなときに重要になるのは、「冷静さ」と「度胸」。しずか君は自信を持って大きな判断をするのは苦手だから、どんなときにも慌てず判断できるようになるには、失敗しても誰かに相談したり、自分で調べたりしながら問題を解決する経験を積んでいくしかありません。「うまく対応できた」体験を重ねれば、自信が生まれていくはずです。

あかりちゃんのタイプにピッタリ
キッティング係

パソコンの設定・準備を行なう

パソコンをはじめて使うときに、IDやパスワードを設定したり、インターネットにつながるように設定をしたり、必要なソフトをインストールしたり、古いパソコンからデータを移行したりし、使える状態に準備をします。基本的には単純作業ですが、会社で使うときには、同時に数十台、数百台規模で設定することもあり、時間と労力がかかります。

キッティングを代行する専用センター

> **先生のおすすめ**
>
> あかりちゃんはこのあいだ、千羽鶴を折ったよね。じっくり、コツコツ折り紙を折り続けることができるあかりちゃんなら、「キッティング」も苦にならないんじゃないかな。
>
> キッティングでは、チームのメンバーと協力して、決められた仕事を実行していかなければなりません。たとえば、Aさんはパソコンにソフトをインストールし、Bさんはメールを使えるように設定をするなど、担当を分けて作業をします。ソフトのインストールには時間がかかるので、無事に完了するまで辛抱強く待たなければなりません。
>
> ときにはパソコンがネットワークにつながらないなど、予想外のことが起きることもあります。あかりちゃんは未体験のことは苦手だから、慌ててしまうかもしれないね。そんなときは深呼吸して、職場の人に状況を説明してどうすればいいかを相談しようね。日ごろの生活でも、「どんなことが起こったら誰に相談したらいいか」を事前に考えておくと、いざというときにあせらないですむわよ。

システムエンジニア 宅間さんからのアドバイス

　いまやIT技術は、私たちの生活に欠かせないサービスです。インターネットやスマートフォンはもちろん、家電、自動車、ゲームなどにも最新のIT技術が使用され、私たちの生活をサポートしてくれています。技術も日進月歩で進んでおり、IT関連の仕事のニーズはますます高まっているんだよ。

　IT関連の仕事を大きく分けると、グラフィックデザイナー、DTPオペレーターなど「クリエイティブ系の仕事」と、システムエンジニアやネットワークエンジニア、プログラマーなど「システム系の仕事」の二つに分類することができます。

　なかでも、どんどん進化し続けるシステム系の専門職は、ここ数年で細分化され、たくさん増えています。たとえばアプリケーションエンジニアなど、カタカナの名前の仕事が多いので、聞いただけではどんな仕事なのかよくわからないかもしれませんね。資格もたくさんあるので、パソコンが得意で興味がある人は、チャレンジしてみてください。

IT（システム系）に関するその他のお仕事

ITディレクター、システムコンサルタント、システムアドミニストレータ、システムアナリスト、サーチャー、カスタマエンジニア、アプリケーションエンジニア、サポートエンジニア、セキュリティエンジニア、データベースエンジニア

| 年齢 | 30代 | 性別 | 男性 |

業務内容 ソフトウェア評価

得意 細かいチェックをすること

苦手 一度不安になると気持ちの切り替えに時間がかかること

どんなお仕事ですか？

　ソフトウェア開発の会社に勤めています。ぼくの仕事は、プログラマーがつくったソフトが正しく動くかどうかをチェック（ソフトウェア評価）することです。ちゃんと動くかどうかということもチェックしますし、新機能を追加したときに不具合が出ないかどうかもチェックします。

お仕事中、気をつけていることはありますか？

　製品として売り出すときは、バグ（プログラムに含まれる誤りや不具合）がなくて当たり前という状況にしないといけません。ぼくは、どちらかというと不安な気持ちが強い方なので、あれこれ気になってしまうんです。ソフトウェア評価の仕事は、自分がチェックしているものが正しいかどうかを疑いの目で見ないといけないのですが、それが自分の性質には合っていると思います。

　ぼくはチームのなかではまだまだ経験値が低い方なのですが、それまでチーム内にあった社内マニュアルを、自分にもわかるように細かく書きかえました。それが、ほかの新人の人にとっては使いやすいものになったみたいで、あれこれ細かいことが気になる性質が、吉と出たのかなと思います。

お仕事のやりがいは何ですか？

　いまの仕事は、とても自分にむいていると思います。じつは、この前社内で表彰をされました。ソフトの細かい機能をふまえたうえで、自社製品のバグを見つけるためのチェックソフトをたくさんつくったんです。自分の強みがいかせて、とてもうれしかったです。

ゲームをつくるお仕事

てつお君のタイプにピッタリ

ゲームプログラマー

ゲームを動かすプログラムを制作

　プロデューサーやディレクターが構想したゲームを動かすプログラムをつくる仕事です。設計書にもとづいて、C++（シープラスプラス）やC言語などのプログラミング言語を用い、キャラクターの動きやサウンドの設定などをプログラミングします。プログラミングの専門学校などでスキルを磨き、ゲームメーカーか制作プロダクションに勤務するのが一般的です。

●ゲーム開発の流れ

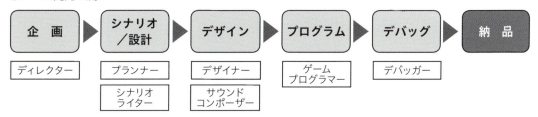

企画 → シナリオ／設計 → デザイン → プログラム → デバッグ → 納品

ディレクター／プランナー・シナリオライター／デザイナー・サウンドコンポーザー／ゲームプログラマー／デバッガー

先生のおすすめ

　てつお君はいつも時間をしっかり守っていますね。興味を持ったことをずっと考え続けることができますね。校則違反も絶対にしないでしょう？　決まったルールをしっかり守れる人はIT業界がむいているし、「ゲームプログラマー」の適性があると思います。

　だけど、どんな場所で働くのかには気をつけた方がよいでしょう。プロジェクトごとにいろんな会社をまわって作業をする働き方もありますが、一緒に仕事をする人や、仕事のルールが毎回変わってしまいます。てつお君は変化に弱いので、おなじ場所で作業をする働き方がおすすめです。

　もし、プログラミングやパソコンに興味があるなら、プログラミング言語が学べる専門学校や大学に行くといいんじゃないかな。情報系は理系の学部だから、いまから数学の勉強をがんばっていこうね。

こころちゃんのタイプにピッタリ

キャラクターデザイナー

ゲームのキャラクターを描く

　ゲームに登場するキャラクターをデザインします。ひと口にキャラクターといっても、動物やモンスター、宇宙人など人物以外のキャラクターをデザインすることもあるため、高いレベルの発想力とデッサン力が必要です。デザイン系の専門学校や美術大学でスキルを磨き、ゲームメーカーやデザイン会社で働く人が多いようです。

デジタルイラストでゲームのキャラクターをデザインしている

 　こころちゃんは、よく自分で考えたキャラクターを描いているよね。たくさんアイデアが浮かんでくるこころちゃんなら、「キャラクターデザイナー」なんてどう？　楽しみながらできるんじゃないかな。
　この仕事はクライアント（お客さまのこと）からリクエストを受けて、アイデアを考えるところからはじまります。最初は手書きでデッサンし、採用されたら実際に使用できるようにパソコン上で制作します。「明日までにアイデア出して」ということもあるかもしれません。のんびり屋さんのこころちゃんは、慣れないうちはそのスピードについていくのがむずかしいかもね。
　キャラクターデザイナーは、人物はもちろん、ゲーム上で動く動物、建物、植物などさまざまキャラクターを描かなければならないので、高いデッサン力が求められます。キャラクターデザイナーをめざすなら、いまのうちからデッサン力も鍛えておこうね。

ハイパー君のタイプにピッタリ

ゲームパフォーマー（プロゲーマー）

ゲームをやってお金を稼ぐ！

ゲームをやってお金を稼ぐ人のこと。「プロゲーマー」と呼ばれることもあります。ゲームの大会で賞金を得たり、ゲーム会社とのスポンサー契約で活動したり、ゲームの攻略本を書いたりして、ゲームの普及にも努めます。海外では多くのプロゲーマーが活躍しており、韓国では子どもの「なりたい職業」第2位となっている一方、日本ではまだ少なく、今後は海外のようにメジャーな職業となっていくことが期待されています。

eスポーツ大会で対戦するプロゲーマーたち
©Piotr Drabik

ハイパー君は「ゲームパフォーマー」をめざしてみたら？ パソコンゲームで競い合うことを「eスポーツ（Electronic Sports）」といいます。海外では、優勝賞金が1億円という大規模なeスポーツの大会も開催されており、すでにプロゲーマーがたくさん活躍しています。eスポーツには、シューティングゲーム、格闘ゲーム、カーレース、サッカーゲームなどがあり、動体視力と反射神経が求められます。運動神経バツグンのハイパー君ならトッププレイヤーになれる可能性があるんじゃないかな？

だけど、この仕事で稼いでいる日本人は、まだまだ少ないのが現実。よっぽど好きでなければ、道を開くことはできません。「熱しやすく冷めやすい」傾向があるハイパー君だけど、根気よくがんばれるかな？　大きな大会は海外で開かれているから、いまから英会話のスキルも磨いておいた方がいいかもね。

しずか君のタイプにピッタリ

ゲームのテスター

ゲームに不具合がないか確認する

開発中のゲームが、設計したとおりに動くのかどうかをチェックする仕事。ゲーム機で遊ぶゲーム、パソコンで遊ぶゲーム、スマートフォンで遊ぶゲームなど、さまざまなゲームが対象です。不具合を見つけたら、どんなときに不具合が出るのかを、設計したシステムエンジニアに報告します。ゲームデバッガーと呼ばれることもあります。

●テスターが確認する主な内容
- ●動作／起動チェック
- ●機能チェック
- ●テストケース作成
- ●多機種／PCとの連動チェック
- ●テキストチェック
- ●グラフィックチェック
- ●サウンドチェック
- ●ゲームの進行チェック
- ●イレギュラーチェック
- ●通信チェック
- ●公序良俗など一般倫理や法律に抵触していないかのチェック

先生のおすすめ

しずか君はパソコンゲームが好きなので、「ゲームのテスター」がおすすめです。この仕事はただ好きなゲームをやっていればいいわけではありません。たとえば、「キャラが崖から落ちたときに、どうなるのかを確認する」など、決められた指示どおりにゲームを進めなければなりません。いろんなパターンを確認するために、何度もプレイし、違うシチュエーションでキャラを崖から落とすといった作業を続けていきます。まじめで忍耐強いしずか君なら、根気のいる作業もコツコツやれるかもしれないね。

ゲームにおかしなところがあったら、状況を正確に伝えなければなりません。映像をキャプチャーしたり、データの履歴を抽出したり、証拠を残すのはもちろん、「どんな操作をしたときに不具合が起こったのか」を、ゲームをつくった人に伝える力も必要です。手書きではなくパソコンを使いながら、要点をまとめる練習をしていこうね。

あかりちゃんのタイプにピッタリ
ゲームセンターの店員

ゲームセンターで清掃やメンテナンスを担当

ゲームセンターで、ゲームの電源の入切、ゲーム機の見まわりチェック、メンテナンス、景品の入れ替え、店内の清掃、パチスロ・メダルのチェック、店内アナウンス、レジ業務などを行ないます。ゲームの使い方をお客さまに教えたり、エラーが起きたときに再起動したりする仕事もあるので、ゲームが好きな人にむいています。

クレーンゲームの見まわりチェックを行なう店員

先生のおすすめ

「ゲームセンターの店員」は接客のほか、お店をそうじしたり、ゲーム機のメンテナンスを行なったりするのが仕事です。あかりちゃんは、おそうじやごみ拾いなど、人がいやがる仕事も進んでできるし、明るい性格だからむいているんじゃないかな。

多くのお客さまはゲームを純粋に楽しんでくれているけど、なかにはズルをしたり、場所を占領してしまったり、騒ぎ過ぎてほかのお客さまに迷惑をかけてしまう人もいます。そんな人に注意するのも店員の仕事です。あかりちゃんの強みは素直で天真爛漫なところだけど、お客さまにはストレートに「うるさいです」なんていったらだめよ。「少し静かにしていただけますか？」などていねいに注意をするいい方を学ぼうね。

ゲームセンターでは「クレーンが動きません」「メダルが出てきません」など、いろんなトラブルも発生します。つぎつぎとお客さまからいろんなクレームをいわれると、パニックになってしまうかもしれないね。「いわれたことはメモする」「わからないときは別の店員にお願いする」などして、乗り切ろう。

ゲームプロデューサー芸間さんからのアドバイス

ひと口にゲームといっても、クイズからシューティング、アクション、RPG、ソーシャルゲーム……と多様です。なかには、映画並のアニメーションを用いて複雑なストーリーをくり広げる大作もあり、制作は多様なプロフェッショナルのクリエイターがかかわる一大プロジェクトとして進行します。また、ゲームをプレイする機器も携帯型ゲーム機からゲームセンターにあるような大きなゲーム機まで展開されていて、つねに新しい技術が求められています。

最近では、スマートフォンやタブレットなどモバイル端末向けのゲームをつくる仕事が注目を集めています。おなじゲームプログラミングでも、モバイル端末向けのゲームはつくり方が違うので、より専門的な知識とスキルが必要です。

個人が制作したゲームがアプリストアなどで販売されたり、SNSで拡散されて流行することもあり、可能性が広がる分野です。技術やアイデア次第ではフリーランスのゲームクリエイターとして活躍することも夢ではありません。

ゲームに関するその他のお仕事

ゲームプランナー、ゲームプロデューサー、ゲームディレクター、ゲームシナリオライター、ゲームグラフィッカー、ゲーム系ウェブデザイナー、3Dキャラクターデザイナー、ゲーム・プログラマー、3Dゲーム・プログラマー、ゲームサウンドクリエイター、コンポーザー、スマートフォンゲームプログラマー、モバイルゲームプログラマー、ソーシャルゲームクリエイター

先輩の声

年齢 20代　性別 男性
業務内容 アプリゲームのイベント管理
得意 期限を守って仕事を進めること
苦手 ほかの人の気持ちを推測すること

どんなお仕事ですか？

　ゲームをつくる会社で働いています。主な仕事は、アプリゲーム内で開催されるイベントのスケジュール管理です。決まった期日にきちんとイベントが発生するように、スケジュールを入力していくことが業務です。私はチームのとりまとめをしています。

お仕事中、気をつけていることはありますか？

　チームメンバーに対しての指示は最小限にとどめ、それぞれが得意なやり方で仕事を進めてもらうよう心がけています。やり方が違ったとしても、結果がおなじであればよいと思っているので。ほかのチームを見ると、私よりも大ざっぱなチームもあれば、細かいチームもありますが、私としてはなるべくみんなに成長してほしいと思っているので、みんなの強みをいかせる環境を意識しています。

お仕事のやりがいは何ですか？

　昔はチームワークが苦手でした。けれど、いまはチームワークをつくっていくことにやりがいを感じます。みんな得意分野があるので、私はメンバーの得意分野をどういかすかを考えなければなりません。メンバーの業務スキルやセンスを見極めていくことが大事です。
　こういう仕事をめざす人に伝えたいのは、まずは「したい仕事をするには、仕事を任せてもらえるようにチャンスを逃さないで」ということです。最近は、ゲームのキャラクターの設定を考えるなどの仕事もあり、本当に楽しいです。
　また、変化が大きい業界なので、新しいことや変化が苦手な人よりは、それを当たり前と受け入れられる、楽しめる人の方がむいていると思います。

てつお君のタイプにピッタリ

経理係

会社のお金に関することをあつかう

経理の仕事は、日々の仕事と、月ごと、年ごとの仕事に分かれます。日々の仕事は、領収書や伝票の整理や入力などで、毎月その月の会社の収入と支出をまとめて、会社が黒字なのか赤字なのかを確かめます。年ごとの仕事は、会社の1年の収益を計算するほか、つぎの年の予算を立てたり、税金を計算したりします。

●メーカーで働く経理係の1日

9:00	出社
9:30	出納管理
10:30	起票・整理
12:00	昼食休憩
13:00	経費精算
14:30	店舗業務の集計
15:30	給与計算
17:00	調査・情報収集
18:00	退社

先生のおすすめ

てつお君は、いつも細かいところにこだわる性格だし、1円の違いもゆるさない、いい意味でのきびしさがあるよね。だから、正確さや期限を守ることが大事な「経理」の仕事がむいてます。

ただ、会社のみんながみんな期日を守って書類や伝票を提出してくれるわけではないから、てつお君は、イライラして、きつくいっちゃうこともあるかもしれませんね。気持ちはわかるけど、無用な摩擦を避けるためには、相手にやわらかくお願いする・伝えることが必要だよ。

もし、経理の仕事をめざすなら、簿記の資格をとっておくと就職のときに有利よ。高校生くらいで簿記の試験を受ける人もたくさんいるから、ぜひチャレンジしてみてね。

こころちゃんのタイプにピッタリ

秘書

上司の仕事をサポート

社長、部長などのスケジュール調整や仕事の準備などを手伝います。上司によって仕事内容は異なりますが、どの秘書にも共通しているのは、ボスが自分の仕事に集中できるようにさまざまなお手伝いや準備をすることです。書類を作成したり、メールを代筆することもあるので、パソコンのスキルは身につけておく方がいいでしょう。

●メーカーで働く秘書スタッフの1日

8：30	出社、メールチェック
9：00	上司出社、スケジュール確認
10：00	電話応対、出張・打ち合わせ手配
11：00	書類承認作業
12：00	昼食休憩
13：00	来客応対
15：00	会議資料作成
16：00	備品チェック
17：30	退社

先生のおすすめ

こころちゃんは人のお話を聞くことが好きだから、自分でいろいろ指示を出す仕事より、「秘書」の仕事がむいています。秘書は、忙しい人をお手伝いする裏方だから、気が利くことや気がまわることが大切です。愛らしいこころちゃんは好感度バツグンだから、どんな上司にも好かれるでしょう。

こころちゃんはのんびりしているから、あんまり忙しい人の秘書はむずかしいかもしれないね。一人ですべてをやるよりも、「秘書課」という会社の部署に所属して、同僚や先輩と協力しながら仕事を進められる職場環境だといいかもね。

いまから率先して、お家の人のお手伝いでもいいし、もし学校で部活をしているのであれば、部長さんなどのお手伝いをしてみようね。自分から声をかけて、「これをしましょうか？」と気を利かせる練習をはじめよう。

ハイパー君のタイプにピッタリ
総務・庶務係

オフィスのなかの「何でも屋」

総務・庶務は、「会社のなかの何でも屋」です。社員の人たちが快適に働けるように整えていくことが仕事です。仕事の範囲はとても広く、電話応対、来客対応、物品管理、伝票処理、小口金管理、ファイリング、書類・資料作成、データ入力など、会社のさまざまな事務作業です。総務は会社・組織全体の業務を行ない、一般事務（庶務）は各部門に所属し、その部門内の事務業務を担当します。

● メーカーで働く総務係の1日

7:15	出社
8:00	全体朝会、清掃
9:00	仕入注文書・納品書チェック
9:30	得意先からの入金処理
10:30	得意先への請求書発行
12:00	昼食休憩
13:00	電話応対・来客応対
15:30	仕入納品書と請求書の照合
16:30	仕入伝票の入力
18:00	退社

先生のおすすめ

ハイパーくんは、「総務・庶務」がむいているね。とても忙しい仕事で、決まった仕事をこなすだけでなく、臨機応変な対応が求められるけど、緊急事態になるとはりきるハイパー君は、あきずに仕事ができると思うよ。

仕事の内容が幅広いということは、同時にいくつも仕事を進めないといけないということです。優先順位をつけて計画立てをする練習をしていった方がよさそうね。あとは、頼まれたことは、最後まで終えることと、終わったらかならず頼まれた人に対して報告するくせをつけよう。

総務・庶務は、会社の代表にかかってくる電話を関連の部署や社員につないだり、伝言を受けたりという電話応対という仕事があります。まずは、自宅の電話に出て、失礼のない対応と、必要な伝言をメモして家族に伝える練習からはじめよう。

しずか君のタイプにピッタリ

営業事務員

忙しい営業の代わりに事務を行なう

営業部で、外での仕事が多い営業担当者の代わりに事務を行ないます。商品の注文を管理したり、在庫を調べたり、請求書を発行したり、資料を作成するなどし、サポートします。会議の資料やプレゼンテーション資料を作成することもあるので、ふつうの事務より専門的な仕事が多く、高いスキルが求められます。

●メーカーで働く営業事務員の1日

8:30	出社、メールチェック
8:45	営業担当者の業務確認
9:00	始業
10:00	見積書作成
12:00	昼食休憩
13:00	伝票整理
14:30	受注整理
16:00	資料作成
17:45	日報作成
18:00	退社

先生のおすすめ

しずか君はおとなしくて、自分から商品を売り込むような営業の仕事は苦手だよね。でも、「営業をサポートする」仕事なら、縁の下の力持ちとして活躍できると思うわ。

一方、しずか君のやることをかなり細かく指示を出してくれる営業の人もいれば、ざっくりとした指示しかくれない人もいるでしょう。ざっくりだと、しずか君には仕事の内容がわからないかもしれません。そんなばあいは、「教えてください」と自分から確認をする必要があります。忙しそうな人に話しかけるのは、しずか君にとって勇気が必要ですが、仕事を進めるうえでは大事なことです。

パソコンのスキルをあげるために、エクセルで表やグラフをつくったり、パワーポイントやワードで資料をつくる練習をしてみよう。

あかりちゃんのタイプにピッタリ

受付・メール室係

お客さまを出迎え案内する・書類や郵便を仕分ける

【受付係】企業を来訪したお客さまに応対し案内するほか、代表電話への応対、会議室予約などを行ないます。企業によってはお茶出しなどを行なうばあいもあります。

【メール室係】大きな会社で、社内の書類や郵便を館内・都内・全国各支社別に仕分けをしたり、各部署にデリバリーする仕事です。

●メーカーで働く受付係の1日

8:15	出社、スケジュール確認
8:30	朝礼
8:45	受付へ
9:30	来客対応
12:00	昼食休憩
13:00	来客対応
14:00	事務作業
15:00	会議室予約
17:30	片付け
18:00	退社

先生のおすすめ

あかりちゃんにむいているのは、「会社の受付」です。ニコニコ明るい笑顔のあかりちゃんなら、「会社の顔」として好感度もバッチリでしょう。仕事の内容も決まっているから安心です。

会社には、取り次がないで帰っていただいた方がよい人も訪ねてくることがあります。あかりちゃんは、すべてのお客さまにていねいに対応しようとするかもしれないけれど、どのくらいていねいにすべきか、先輩や上司の対応を見て覚え、わからないときは相談をします。家や学校にお客さまがいらしたときは、ごあいさつやおもてなしの練習をしておこう。

そのほか「メール室」の仕事もむいていると思います。大きな会社だと、部と部のあいだで1日に千通、一万通もやりとりがあります。仕分けるルールがはっきりしているから、あかりちゃんにもやりやすいと思います。

事務職 田中さんからのアドバイス

　電話・来客応対やメール応対、郵便物の仕分け、ファイリング・データ集計などなど、事務の仕事はたくさんあります。

　たとえば、経理は、領収書やレシートを入力して、いくらお金を使ったかを記録したり、みんなのお給料を計算したりします。ただ入力するだけじゃなくて、会社のお金の変化をグラフで追っていくと、会社の経営状況がよく見えてくるからおもしろいのよ！

　私たちが何か商品をつくったり売ったりして、直接お金をもうけることができるわけではないけれど、私たちがいないと会社がまわらなくなってしまいます。社員のみなさんがそれをわかってくれているわけではないかもしれませんが、確実に見ていてくれる人はいます。

　自分が目立つのではなく、誰かを輝かせるための黒子として働きたい気持ちがある人に、ぜひおすすめしたいお仕事ですね。

調べてみよう　事務に関するその他のお仕事

特許事務、法律事務、貿易事務、介護保険事務、医療保険事務、コールセンター、議員秘書、病棟クラーク、弁護士秘書

先輩の声

- 年齢 30代
- 性別 女性
- 業務内容 事務
- 得意 いろんなことを気にかけながら仕事をすること
- 苦手 一つのことだけに集中すること

どんなお仕事ですか？

仕事内容は、お金の請求と、お客さまやほかの団体との連絡や調整をすることです。どの仕事も、個人情報をあつかうので、日々気を張って仕事をしています。また、自分の業務が遅れると、そのぶんほかの社員の仕事が遅れてしまいます。でも、とてもやりがいのあるお仕事です。

お仕事中、気をつけていることはありますか？

私は、あれこれ考えて気にし過ぎるタイプなので、一種類の仕事をずっとするよりも、何種類か仕事があった方がよいみたいです。仕事の一つひとつは単調なのですが、種類が変わることで頭が切り替わります。いろんな仕事をおなじ時期に進めるときは、とにかくいろんなツールを使って抜けもれがないように気をつけています。この仕事をはじめたときよりは「成長できているかな」と思います。これからの目標は、少しずつ業務のとりまとめを任せてもらえるようになってきたので、それをがんばることです。

お仕事のやりがいは何ですか？

いまは、仕事に慣れていくこと自体がやりがいです。私の仕事は、できて当たり前、間違えないことが前提です。会社に入ってから、いろんな仕事を経験させてもらっているので、とにかく間違えないようにということは大事にしています。その結果として、ほかの社員の仕事がスムーズにできるのであれば、それがいちばんです。いわゆる縁の下の力持ち的な存在だと思っています。ほかの社員の方から、ありがとうといわれると本当にうれしいです。

公的な機関で働くお仕事

じつは、先生も公務員なのよ

知ってる！公立の学校や保育園の先生は公務員なのよね

警察官も消防士も公務員だよな？

そうなんです。公務員とは、個人や会社の利益のためではなく、国民や住民のために働く人たちで、さまざまな職種があります

母が公務員は安定しているから公務員になれといっていました

公務員はクビにならないって、パパがいってたよ

人びとにとってなくてはならない重要な仕事なので、身分や待遇が保障されているというメリットがあります。リストラされないのです

だから、公務員は安心して仕事に集中できます。社会的に信頼されている職業であり、とてもやりがいのある仕事だと思い、私は県庁で働くことを選びました

地方公務員にしても国家公務員にしても、チームで協力して大きな仕事を成し遂げる場面が多いため、協調性やコミュニケーションスキルが求められます

てつお君のタイプにピッタリ

技術職（電気）

電気のプロとして施設の安全を守る

電気技術のプロとして、公共施設や交通機関の安全を守ることが仕事です。電気設備の設計・工事、またはメンテナンスや電気に関するトラブルの対応に携わります。学校や福祉施設などの、公共施設の安全管理を計画的に実施するための調査や、施設の職員に対するアドバイスも行なっています。

●主な技術系公務員の職種

土木
建築
機械
電気・電子
数学・情報・物理
化学
農学・水産
造園・砂防・林学
農業工学

先生のおすすめ

　てつお君は、公務員のなかでも「技術職」がおすすめです。鉄道が好きなてつお君なら、電気を使ったシステムを徹底的に研究して、その知識を電気設備の安定運用に役立てることができそうね。

　ただ、電気設備だけをいじったり、研究したりしているばかりでなく、どこでトラブルが起きているか、どうしたら安全な状態で維持できるかを、多くの関係者と話し合いながら仕事をしていかなければなりません。てつお君は人と協力するのは苦手かもしれませんが、自分が興味のあることだけに取り組むのではなく、プロとして市民が安心して設備を利用できるようにみんなで協力するという責任感を持ち続けることが大切です。

　プロとして働くためには、ほかの人と協力して仕事ができる力も必要。てつお君は理科の授業で実験をするとき、班の人と協力できているかしら？自分一人で取り組むのではなく、役割分担や相談をしながら実験を進めていくようにしてね。

こころちゃんのタイプにピッタリ

保育士

保育所などで子どもをあずかる

保育所や児童福祉施設で、主に０〜６歳までの子どもをあずかり、保育をする仕事です。基本的な生活習慣（食事・睡眠・排泄・着替えなど）を身につけるためのお手伝いをしたり、遊びを通してお友だちと仲良くすること、ルールを守ることなどの社会性を教えたりします。ときには、幼児の保護者の相談に乗ることもあります。

● 保育士と幼稚園教諭の違い

	保育士	幼稚園教諭
監督官庁	厚生労働省	文部科学省
根拠法	児童福祉法	学校教育法
役 割	子どもを保育をする	子どもに教育をする
保育日数	300日	39週以上
保育時間	8時間(原則)	4時間(標準)
対 象	0歳〜就学前	3歳〜就学前

 **先生のおすすめ**

「保育士」は、歌を歌ったり、折り紙やねん土で遊んだり、子どもと楽しく過ごす仕事です。おだやかで優しい性格のこころちゃんにはピッタリね。子どもの出欠の確認、寝具の管理、おやつの準備など裏方仕事がたくさんあるので、子どものことを考えて自分から積極的に動ける人がむいています。

ただ、保育士は、子どもの安全を守る責任があります。子どもがけがをしたり、トラブルを起こしたりしないように、つねに気を配っておかないといけません。こころちゃんは何かあったときにとっさに対応することはむずかしいかもしれないから、事故が起きないように事前の準備をしっかりして、困ったときに誰に頼ればいいかを確認しておくことをおすすめするわ。

あとは、いまから弟や妹、近所の子どもとたくさん遊んでみたり、子どもが喜ぶ絵をたくさん描いてあげるといいでしょう。

ハイパー君のタイプにピッタリ

陸上自衛官

日本の平和と安全を守る！

自衛隊は、日本の平和と安全を守る組織です。陸上自衛隊、海上自衛隊、航空自衛隊があります。ふだんは各地にある駐屯地内の部隊に配属され、部隊ごとの専門的な訓練に取り組み、いざというときに出動できるよう備えています。また、大きな自然災害や事故が起きたときにもすみやかに現場に駆けつけ、人命救助にあたります。戦闘や救援活動に直接携わる人だけでなく、後方支援としての看護や情報収集、物資の調達などさまざまな役割があります。配属される部署により訓練の内容は違いますが、責任の重い任務にあたるため、いずれもきびしい内容です。

市街戦訓練を行なう陸上自衛官

先生のおすすめ

ハイパー君は、「たくさんの人の役に立ちたい」といっていたよね。体力も気力もあるし、自衛隊の「自衛官」として活躍できるんじゃないかな。

たんに肉体的に健康で丈夫というだけでは自衛官にはなれません。苦しい訓練を経て、やっと人命救助や防衛（ほかからの攻撃に対して、防ぎ守ること）を行なえるようになります。多くの自衛官は訓練だけではなく、毎日走ったり腕立てふせをしながら自主的にトレーニングをしているわ。ハイパー君は三日坊主なところがあるからちょっと心配。最初からがんばり過ぎないように、目標を低めに設定して少しずつ体力を伸ばしていこうね。

また、自衛隊は団体生活です。まじめで礼儀正しく仲間を大切にすることができる人にむいています。ハイパー君はときどきはめをはずしちゃうから、クラスや部活などの集団のルールは守れるようにしようね。

しずか君のタイプにピッタリ

窓口事務員

役所の窓口で相談＆手続きを担当

自治体の役所の窓口で、住民の求めに応じて住民票や戸籍関連の書類の発行、転出・転入の手続きなど、さまざまな業務を行ないます。各種サービスに関する知識を適切に提供するとともに、窓口には生活に困っている人やお年寄りなどいろいろな方が訪れるため、「相談してよかった」と思ってもらえるよう、その方に合わせた柔軟な対応が求められます。

富士見市市役所本庁舎1階にある総合窓口
写真提供：富士見市

先生のおすすめ

「窓口事務」は、市役所などに来た住民から質問を受け、親切にわかりやすく対応する必要があるので、コミュニケーションスキルが求められる仕事です。だれにでも笑顔でおだやかに接することができるしずか君にむいていると思います。

窓口には、何かに困っている人も相談に来ます。なかには余裕がなくてイライラしながら話しかけてくる人や苦情をいってくる人もいます。そういうときは、自分の仕事だから一人で何とかしなくてはと思わずに、先輩や上司にSOSを出して代わりに対応してもらう、対応の仕方についてアドバイスをもらうなどして助けてもらおう。

窓口で対応する業務は、国民健康保険や年金、各種税金の手続き、自動車関係の登録、不動産登記、相続の手続きなど多岐にわたります。社会のしくみも少しずつ勉強しておくといいでしょう。本で勉強するのはしずか君にとってはむずかしいかもしれないから、行政のウェブサイトでキッズ向けの解説ページを見てみるといいかもね。ゲームをしながら学ぶことができるサイトもあるから、楽しみながら勉強できるわよ。

あかりちゃんのタイプにピッタリ

図書館員

図書館で本の整理・貸出しを担当

本の収集、分類整理、貸出しなどを行ないます。公立図書館で働くには、図書館司書の資格をとり、自治体の採用試験に合格しなければなりませんが、パートで採用されるばあい、資格や試験は必須ではありません。司書の資格は、大学などで決められた科目を履修し卒業するルートのほか、司書補講習を受講し実務経験を積む方法もあります。

書庫や本を管理する図書館員
写真提供：国立国会図書館ウェブサイト

先生のおすすめ

読書が大好きなあかりちゃんには、「図書館員」の仕事がおすすめです。図書館は小さなお子さんから高齢者まで利用する施設だから、あかりちゃんみたいな優しくて明るい人が求められているのよ。

本の種類は幅広いので、自分の好きな本のジャンルだけでなく、あまり読んだことのないジャンルの本も積極的に読んで、知識を深める意欲、好奇心も必要です。

図書館の仕事には、利用者とふれあうお仕事もたくさんありますが、じつは本を整理して並べたり、本の状態を点検、補修したりという地道でコツコツした仕事の方が多く、根気強さも求められます。単調な仕事でもあきずにこなせるあかりちゃんにはむいていると思います。

一つ心配なのは、声の大きさ。あかりちゃんはひそひそ話が苦手だけど、図書館は静かな場所だからお話しするときは小さな声で話さないといけないの。いつもの声の大きさが「3」だとしたら、「2」や「1」の大きさで話す練習もしておこうね。

県庁職員 金井さんからの アドバイス

　公務員には「地方公務員」と「国家公務員」があります。
　私のように県庁で働く人は「地方公務員」と呼ばれます。県庁には、窓口で相談を受けたり、書類を作成・発行したりする事務職のほか、土木・建築・電気・機械などの技術系の職員がいます。ほかにも、警察官や消防士、保育士や教員など特別な資格・免許が必要な職種も、公立の機関で働いているばあいには地方公務員です。
　一方「国家公務員」は、国の機関で国民全体に奉仕する仕事をしている人たち。たとえば、厚生労働省や文部科学省など中央官庁の職員、裁判官、検察官、自衛官など、国民の安全な生活を守る、よりスケールの大きな仕事をすることになります。
　公務員になるには採用試験を受けて合格し、公務員として採用される必要があります。おなじ公務員でも、職種によって試験の種類はさまざまです。興味がある人は、どんな公務員になりたいのか、調べてみてくださいね。

調べてみよう 公務員 のその他のお仕事

国税専門官、救急救命士、海上保安官、刑務官、法務教官、入国審査官、税関職員、皇宮護衛官、麻薬取締官、検事、検察事務官、裁判官、裁判所事務官

先輩の声

年齢 40代　**性別** 女性
業務内容 公務員
得意 人に相談すること
苦手 作業の進行管理・書類の整理

どんなお仕事ですか？

都内の区役所で働いています。福祉分野の計画策定・進行管理、区民、事業者に向けたPRなどを担当しています。

「生活に密着したサービスをしたい」と思い就職活動をして、民間企業に内定していたのですが、卒業論文が間に合わず留年してしまいました。翌年公務員試験を受けて合格、無事卒業、いまの区役所に就職しました。

お仕事中、気をつけていることはありますか？

作業のプロセス（企画―内部説明―外部説明―実行―結果集約―検証）を予測し、優先順位をつけ、進行管理を行なうことができません。また、資料の整理・ファイリングも苦手で、すぐ机の上が書類だらけになってしまい、つねに探し物をしています。誤字脱字も多く、資料の体裁を整えることも不得意です。なので、自分が行なう仕事の品質が低いことを自覚し、外部に出す書類は別の人にチェックしてもらっています。

また、ストレスがたまったときは、悩みを聞いてくれる、心配してくれる人を複数確保して、順番に相談するようにしています。一人に偏るとその人に負担をかけてしまって、つきあってくれなくなるのではないかと思うんです。

お仕事のやりがいは何ですか？

担当した計画の策定が終わって冊子にまとまったり、新しいキャンペーングッズを配りはじめたりするときは、やりがいを感じます。仕事の締切に間に合ったときは、本当にうれしいですね。締切が過ぎて、それ以上その仕事に携わらなくてよくなったときには、心底ホッとします。

てつお君のタイプにピッタリ
気象予報士

データを分析して、天気を予測

気温・湿度・雨雲の動きなどの気象に関するさまざまなデータをリアルタイムで収集・分析して、天気や気温を予測する仕事です。気象予報士になるには、国家資格が必要です。合格率はわずか5％程度ですが、2012年には「12歳」という史上最年少の合格者も出ています。独学で勉強をすることも可能ですが、大学の理学部などで学ぶ人が多いようです。

●気象予報士が活躍する場所

メディアで活躍
放送局に採用・タレント事務所に所属
公的な機関で働く
気象庁職員・自衛隊入隊
民間企業に就職
民間の気象会社・シンクタンク

データ分析が得意なてつお君は「気象予報士」がむいているかも。てつお君は並外れた集中力で情報を集めることができるから、その力がいかされると思います。
　気象情報は、予測がはずれると、洪水から逃げ遅れる人が出てしまったり、農作物が被害にあうなど社会に大きな影響を及ぼします。情報収集や分析に没頭するだけではなく、「気象情報は人びとの生活につながっている」ということを忘れずに予測する必要があります。
　気象予報士になるには国家資格が必要だから、理系の大学や専門学校に行くといいでしょう。テレビの天気予報コーナーを担当するばあいもあるので、てつお君の個性的なキャラが受けて、人気者になっちゃうかもね。

こころちゃんのタイプにピッタリ
2級建築士（きゅうけんちくし）

建物のかたち・素材などを考え設計する

建築士は、家やお店などの建築物の設計をします。そのほか、実際の工事が計画どおりに進んでいるかチェックを行なうのも建築士の仕事です。建築士として働くには、国家資格が必要ですが、建築士の試験はとてもむずかしいことで知られています。スタートラインとなる2級建築士の資格は、大学や専門学校の建築学科を卒業するか、一定の実務経験を積むことで受験が可能です。

● 建築士業務の流れ

- 建築相談受付・ヒアリング
- 現場視察・調査
- プラン提案・打ち合わせ
- 基本設計
- 実施設計
- 工事費見積・各種申請
- 工事契約・工事管理
- 完了検査・引き渡し
- アフターフォロー

先生のおすすめ

こころちゃんの見たものをじょうずに絵に再現できる才能は、「建築士」の仕事にいかすことができるのでは？　もし、こころちゃんが「やってみたい」と思うなら、ハードルの高い資格だけど、チャレンジしてみる価値はあるんじゃないかな。

建築士は「窓が大きい明るい部屋にしたい」などといった依頼主のイメージをかたちにするために、建物のかたち、色、使う素材などを考えながらアイデアを提供し設計を行ないます。美的センスはもちろん、「どんな素材がむいているのか」なども考えなければならないので、幅広い知識も必要です。

この仕事も、締切を守らないと工事が遅れてしまい、たくさんの人たちに迷惑がかかります。スケジュール管理をできるようにしておく必要があります。

ハイパー君のタイプにピッタリ

救急救命士

救急車などで救命処置を行なう

通報があったときに救急車に同乗し、患者さんを病院まで搬送するあいだに救命処置を行なう仕事です。ほとんどの救急救命士は消防署で働いていますが、自衛隊、海上保安庁、警察などで活躍する人もいます。救急救命士になるには救急救命士国家試験に合格しなくてはなりません。人の死とむきあうこともある仕事なので、強い使命感が必要です。

気道確保の訓練を行なう救急救命士
写真提供：札幌市消防局

 先生のおすすめ

土壇場に強いハイパー君は「救急救命士」なんてどうかしら。人の命を助けるお仕事なので、いつも健康で万全な状態でなければなりません。24時間いつでもかけつけなくてはいけないので、睡眠時間が十分にとれないときもあります。その点、ハイパー君は体力があるから、大丈夫でしょう。

救急救命士には医療の知識や機器をあつかう技術が必要です。国家資格なので2～3年間養成校に通うか、5年間消防署に勤める必要があり、救急救命士国家試験にも合格しなければなりません。勉強ぎらいのハイパー君ですが、「やる！」と決めたら、がんばれる力を持っているので、チャレンジしてみる価値はあるかも。

テスト前に慌てて勉強するのではなく、授業の予習・復習を毎日やる習慣をつけよう。

しずか君のタイプにピッタリ

理容師

理容室でカットなどを行なう

カットやシャンプー、顔そりなどを行ない、ヘアスタイルを整えます。カミソリを使う「顔そり」は、理容師しか行なうことができません。理容師として働くには、学校で学んでから国家資格である理容師免許を取得する必要があります。最近は、高齢者や障害を持つ人への訪問サービスを行なう理容師にも注目が集まっています。

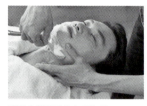

男性の顔そりをしている

先生のおすすめ

対人スキルが高く笑顔で親身に人の話を聞いてあげることができるしずか君は、「理容師」にむいていると思います。手先が器用なので、カットなどの技術を身につければ、理容師として立派に活躍していくことができるでしょう。

しずか君は勉強が得意ではないので、資格取得に必要なつぎの教科をがんばっておこう。

国語……国家試験はマークシート（選択式）の問題で、試験中に字を書くことは求められません。そのぶん、ひっかけ問題も多くあるので、問題文や選択肢を正しく読み取る文章読解力が求められます。

理科……国家試験には、人体の構造や機能（血液や筋肉など）、機器（ドライヤーなど）を使用した際の電力量を求める問題など、理科にからむ問題が多く出題されます。本で勉強するのはたいへんだから、テレビ番組やウェブサイトを見ながら学べるといいかも。

最近では、高齢者や障害を持つ人を訪問してカットを行なうサービスなども注目されています。心優しいしずか君は、そういった分野でも活躍できるんじゃないかな。

あかりちゃんのタイプにピッタリ

美容師

美容室でヘアスタイルを整える

ヘアサロンや美容室で、お客さまの要望に合わせたカット、カラー、セット、シャンプー・ブロー、パーマなどを行ない、ヘアスタイルをつくりあげる仕事です。美容師になるには学校に通ってから美容師国家試験に合格し、美容師免許を取得しなければなりません。合格率は80％前後と高めなので、まじめに学校に通うことが大切です。

ヘアカットを行なう美容師

先生のおすすめ

あかりちゃんは明るくて楽しい性格だから、おしゃれやファッションに興味があれば「美容師」がむいているんじゃないかな。あかりちゃんは国語が好きで、本もたくさん読んでいるので国家試験のマークシート（選択式）は大丈夫でしょう。

美容師になったとしても、すぐにカットをやらせてもらえるわけではありません。一人前になるためには、シャンプー、そうじ、先輩スタイリストの手伝いなどをし、夜遅くまでカットの練習を行なうなど、何年も下積み（見習い・アシスタント）をしなければならないのです。立ち仕事で、勤務時間も長いので、アシスタントが続かず辞めてしまう人もたくさんいます。その点、あかりちゃんはねばり強くて根性があるので、笑顔で乗り切ることができるんじゃないかな。

美容師をめざすなら、雑誌やカタログなどを見て、センスも磨いておこうね。

行政書士 四角さんからのアドバイス

　世の中にはたくさんの資格試験があります。ジャンルもむずかしさもさまざまで、なかにはインターネットで気軽にチャレンジできる腕だめし的な資格もあります。国が認める「国家資格」もあれば、民間の団体がやっている「民間資格」もあります。

　資格のなかでも、むずかしいといわれているのが「業務独占資格」。資格を持っている人しかその仕事をすることができないと法律で定められていて、代表的なものに医師や弁護士などがあります。専門家として、しっかり知識と技術を学んだ人しか、とることができません。そのため、受験資格もきびしいものが大半。たとえば、医師の資格は、医学部か医科大学を卒業しないと受験できないので、最低でも6年間かかります。そのほかの業務独占資格も資格をとるまでに時間がかかったり、試験がむずかしかったり、だいたいハードルが高くなっています。けれども「資格＝仕事」につながるので、トライしてみる価値はあるんじゃないかな！

資格がなければできないその他のお仕事

弁理士、公認会計士、薬剤師、社会保険労務士、司法書士、弁護士、医師、税理士、土地家屋調査士、不動産鑑定士、電気主任技術者、発破技士、クレーン・デリック運転士、自動車整備士、消防設備士、消防設備点検資格者、ボイラー技士

先輩の声

年齢	40代
性別	女性
業務内容	作業療法士
得意	子どもと遊ぶこと
苦手	情報共有

どんなお仕事ですか？

　障害を持つ子どもの療育機関で、作業療法士として働いています。身体障害、知的障害、発達障害など、さまざまな障害を持つ子どもが何に困っているのかを、検査ツールを使って調べ、手の使い方、道具の操作、着替えやトイレなどのリハビリを行なったり、一緒に遊びながら発達を促していきます。

お仕事中、気をつけていることはありますか？

　子どもと遊ぶことに夢中になり過ぎて時間を忘れてしまったり、ハイテンションになりすぎて子どもを疲れさせてしまうことがあります。作業療法士には、つねに専門家として子どもの行動を分析し、つぎの行動を予測できる冷静さが求められます。何より子どもの安全を守らなければなりません。当然のことなのですが、先輩からきびしく注意されて、反省しました。
　また、保護者の方やほかの専門職の方などとかかわることもあります。ひとりよがりになりがちで、必要なことを正確に伝えるのが苦手なので、苦労しています。会話より文章の方がまだ行き違いが少ないので、できるだけ書類をていねいに書いたり、気づいたことはメモに残したり努力していますが、まだまだですね。

お仕事のやりがいは何ですか？

　やはり仲間意識を感じてもらえるのか、発達障害や知的障害の子どもたちに好かれています。この前、手に麻痺があり鉛筆がしっかり握れなかった子どものために、オリジナルの自助具をつくり、字を書く練習をしました。はじめて自分の名前を書けたときには、お母さんと一緒に喜びました。感動でしたね。そんな瞬間に立ち会えるのは、この仕事の何よりものやりがいだと思います。

てつお君のタイプにピッタリ

翻訳家

外国語の文章を日本語に訳す

外国語で書かれた文章を日本語に訳す仕事です。小説などの文学作品を訳す「文芸翻訳」、映画の字幕を考える「映像翻訳」、ビジネス文書や説明書などを翻訳する「産業翻訳」などに分かれます。外国語の能力はもちろんのこと、わかりやすく読みやすい日本語に翻訳するための、日本語の文章力も求められます。

●在宅で働くフリーランスの産業翻訳者の1日

5:00～7:00	起床 メールチェック レギュラー案件のビジネス文書を和訳
9:00～12:00	朝食 新規案件の英文議事録を和訳
12:00～13:30	昼食休憩
13:30～17:00	専門用語のリサーチ、訳文のブラッシュアップ
17:30～	夕食の支度をしながら合間に翻訳

先生のおすすめ

英語が得意なてつお君は、「翻訳家」の仕事がむいていると思います。

翻訳家は、ただ外国語ができるだけではなく、その国の文化や歴史的背景など、言語以外の幅広い知識を持って、原作者の意図をしっかりとふまえた翻訳をする必要があります。興味のないものにはあまり関心を示さないてつお君ですが、鉄道以外にもいろいろなものに興味を持ち、知識の幅を増やせるといいわね。

日々の英語の勉強では、直訳するだけでなく、より短くわかりやすい表現にするにはどうしたらよいか？　などを考えながら翻訳の練習をするのもよいでしょう。また、翻訳書や海外の映画作品などから世界の文化や歴史などにふれ、幅広い知識を少しずつたくわえていこう。

こころちゃんのタイプにピッタリ

まんが家

まんがを描いて収入を得る！

出版社から依頼を受け、毎回の締切に間に合うようにまんがを描いていく仕事。まんが家をめざすばあい、新人賞に応募したり出版社に直接自分の作品を売り込んだり、ウェブ上に作品を発表したりして、アピールします。まんが家の収入は、原稿料と印税ですが、ウェブ上でのまんが連載で収入を得るまんが家も増えてきています。

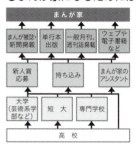
●まんが家になるためには

 先生のおすすめ

こころちゃんは、「まんが家」になりたいんだよね？　単行本がたくさん売れたり読者から感想が届いたり、反応がダイレクトに返ってくる仕事なので、やりがいも相当なものでしょう。

　だけど、のんびり屋さんのこころちゃんが、毎回の締切を守って仕事ができるかどうか、ちょっと心配。せっかく仕事が決まったとしても、のんびりしていると締切前に「まだ何もできていない」という状態になりかねません。出版社の担当者に頼んで「できてますか？」とたびたびチェックを入れてもらうなど、進行の管理を工夫しよう。

　いままでどおり、たくさんの絵やまんがを描いて、腕を磨こうね。できた作品を、友だちや家族に読んでもらって感想や意見をつぎの作品にいかそう。

　一つだけ覚えておいてほしいのは、お仕事にした以上は自分の好きなものを描くだけではダメで、「売れる」作品をつくらなければいけないということ。好きなことをお仕事にするってとってもすてきなことだけれど、うまくいかなければ好きなことがきらいになってしまうリスクもあるの。それを覚悟したうえで、チャレンジできるといいね。

ハイパー君のタイプにピッタリ

デイトレーダー

パソコンで株を売り買いし利益を得る

パソコンで株の売り買いをくり返し、お金をもうける仕事です。チャートと呼ばれる指標を見て株価の変動を予想し、価格があがりそうな株を安いうちに買い、高くなったら売ることで利益を得ます。デイトレーダーになるために、資格や学歴は必要ありませんが、毎日の株式市場の動きを読み、さまざまな銘柄や相場を研究しなければなりません。

株価の変動チャート

先生のおすすめ

瞬発力のあるハイパー君は、「ここだ！」という一瞬で決断が必要な「デイトレーダー」ができるかも。

うまくいけば大金持ちになれるかもしれませんが、失敗すると莫大な借金を背負ってしまう危険性もあります。ギャンブル的なおもしろさがあるけど、しっかり勉強もせずギャンブル感覚でやってしまうと、かならず痛い目にあいます。ハイパー君は、テンションがあがり過ぎたりパニック状態になっちゃうと冷静さを失う傾向があるので、注意してね。デイトレーダーとして成功するために何より重要なのは、「冷静さ」なのです。リスクがあることを忘れず、けっしてむりせずに慎重に行なうことが大切。経済新聞などを読んで情報収集したり、投資家同士の集まりに参加して情報交換をするなど、日々の努力が必要です。

世の中に出ているたくさんの商品やサービス、それらを生み出している会社に日ごろから着目し、「求められる商品やサービスは何か」を考えるようにしておくとよいでしょう。

しずか君のタイプにピッタリ

テレワーク

ITで連絡をとり自宅などで作業

テレワークとは、一つの会社に社員として所属しながら、ITを活用して連絡をとりあい、自宅などで仕事をする方法です。プレゼン資料の作成、企画書の作成、データ入力・整理、会議録・メモ起こし、ホームページの更新などさまざまな業種、職種で導入され、技術者、事務職など、幅広い層で実施されています。自宅で働く「在宅型」と、通信機器などを使って移動しながら、あるいは移動先で働く「モバイル型」があります。

自宅でテレワーク

 **先生のおすすめ**

パソコンが得意なしずか君は、「テレワーク」をやっている企業を探してみたらいいんじゃないかな。わからない言葉などがあっても自分のペースで調べながら進めることができるから、しずか君にはむいていると思うの。

その反面、基本的に家で一人で仕事をするので、こまめにだれかと相談しながら進めることができません。やり方を間違っていたり、指示とは違うことをしていても、途中で気づかないまま進めてしまう危険があります。しずか君はまじめで人の話をきちんと聞くタイプなので大丈夫だと思うけど、ときどき勘違いもありますね。仕事を依頼されたときには、しっかり指示を確認し、少し進めたら「これでいいですか？」と上司に確認するなどして、「報連相」（報告・連絡・相談のこと）を徹底しましょう。

あかりちゃんのタイプにピッタリ
内職

自宅で商品の製造や加工を行なう

会社と契約を結び、商品の製造や加工などの作業を行ないます。仕事としては商品の袋詰め（封入）、シール貼り、ボールペンの組み立てなどの簡単なものから、テストの採点、洋服の縫製、アクセサリー制作など技術がいるものまで、さまざまな作業があります。最近では、パソコンを使った内職も増えてきています。

封筒に宛名シールを貼っていく内職作業

先生のおすすめ

あかりちゃんは「内職」がむいていると思います。くり返し同じ商品をつくることが多いので、単純な作業にももくもくと集中して取り組めるあかりちゃんは、この仕事に合っているでしょう。

しかし、基本的に家で一人で仕事をするので、人とおしゃべりするのが大好きなあかりちゃんには、ちょっと物足りないかも。それに、仕事に慣れてくると、ついついサボってしまいがちです。毎日、仕事の時間や取り組む量などをあらかじめ決めておくなど、計画的に仕事を進めていけるといいですね。

スケジュール帳に予定を書き込むようにしたり、「○日までに○○をやる」など目標を立てて勉強を進めていくなど、日々のスケジュール管理や、定期試験にむけて学習計画を立てることからはじめましょう。

それから、仕事に疲れたとき気分転換ができるように、趣味のサークル活動や習いごとなどに参加しておくといいんじゃないかな。

フリーランス・デザイナー
家村（いえむら）さんからの
アドバイス

　フリーランス・在宅ワークのいいところは、ずばり、「自分のペースで仕事ができること」。寝坊の心配も、通勤ラッシュに巻き込まれる心配もありません。見たいテレビ番組やプライベートの予定を優先させながら働くことだってできます。

　だけど、働く時間を自分で管理するということは、とてもたいへんなことでもあるのです。ちゃんと仕事をしているか見張ってくれる上司もいないので、ついついサボってしまうこともあるし、その結果「期限に間に合わない」なんてこともあり得ます。とくに、フリーランスのばあいは会社に所属していないので、期限を守らなかったり、ミスをすると、つぎから仕事を依頼してもらえないかもしれません。しかも、困ったときに会社に助けてもらうこともできません。つまり、「自己管理する力」と「仕事の実力」がものすごく必要、ということになります。それでも、自分の力だけで自由に仕事をしたい、という人に、むいている働き方だと思います。

フリーランス・在宅ワーク に関するその他のお仕事

ライター、リライター、脚本家、作家、ジャーナリスト、イラストレーター、フォトグラファー、ウェブデザイナー、DTPデザイナー、プログラマー、エンジニア

- **年齢** 50代
- **性別** 男性
- **業務内容** ニュースサイトの校正
- **得意** チェック能力が高い
- **苦手** 行間を読むこと

どんなお仕事ですか？

　在宅で校正の仕事をしています。1日に3時間から4時間くらい、週にだいたい20時間くらい働いています。

　誤字脱字のチェックはもちろん、固有名詞が正しく表記されているかどうかも確認します。たとえば、プロ野球の記事であれば日本プロ野球機構のサイトを見て、選手の名前が正しいかどうかを確認しますし、芸能人の名前の表記や、年齢が正しく書かれているかどうかもチェックします。

お仕事中、気をつけていることはありますか？

　自宅で仕事をしていることのメリットだと思いますが、自分なりに仕事のしやすい環境をつくっています。たとえば、私は聴覚過敏なところがあるので防音シートを買って設置したり、視覚過敏もあるので蛍光灯ではなくLEDに照明を変えたりしています。

お仕事のやりがいは何ですか？

　校正の仕事は、それまでしたことがありませんでしたが、おもしろくやりがいのある仕事だと思っています。

　私は、予想外のことが起こると慌ててしまうので、おそらく自分が取材して、記事を書くことにはむいていないでしょう。しかし、限られた範囲のなかで変化を楽しむというか……。仕事を通して興味の範囲が広がったり、プライベートでイベントに出かけたりすることで仕事につながったりすることが楽しいです。早ければものの5分で校正した記事が世に出て、目に見えるかたちで成果を確認することができ、社会とのつながりも実感することができています。

その他のお仕事

てつお君のタイプにむいているお仕事

宇宙開発技術者

宇宙に関係する技術を開発

人工衛星やロケットの打ち上げなど、宇宙に関係する技術を開発します。大学や大学院、高専などで専門知識を身につけてから、JAXA（宇宙航空研究開発機構）や宇宙開発を行なっている企業に入社する人が多いようです。

・先生のおすすめ

勉強が得意なてつお君は、難関大学に合格することも可能だと思います。大学でいっぱい勉強して、専門的な知識を身につけ、「宇宙開発技術者」をめざしてみよう。

宇宙開発は無限の可能性を秘めていて、わからないことや、まだだれもやったことのないことばかりです。「これを安全にやるにはどうすればいいんだろう？」「こんなことをしたら、どうなるんだろう？」など、情報を集めて分析し、予測を立て、考えなければならないことがたくさんあります。好奇心を持って試行錯誤ができる勉強熱心な人にしかできない仕事です。

てつお君の探究心に、ほんのちょっぴり柔軟さを加えれば、パイオニアとして活躍できる可能性は、十分あると思います。

議員秘書（政策担当秘書）

国会議員をサポートする専門家

国会議員の補佐をする仕事です。国が給料を出す「公設秘書」と、議員が私費で雇う「私設秘書」があり、公設秘書3名中の1名となる「政策担当秘書」は試験への合格や経験が必要です。

- **先生のおすすめ**

　国を動かすような大きな仕事がしてみたいなら「議員秘書」もおすすめよ。てつお君には「政策担当秘書」がむいています。政策担当秘書は、政策の調査や研究、委員会質問案の作成などを担当する専門家です。政策秘書になるためには、実務経験を積み研修を受けるか、大学を出て資格試験を受けるなどの条件がありますが、勉強が得意なてつお君にとって試験は高いハードルではないはずです。

　秘書としてもっとも大切なのは、議員から厚い信頼を受けること。てつお君は気が合うタイプと合わないタイプがはっきり分かれるけど、てつお君の実力を買ってくれて、信頼してくれる議員にめぐりあえれば、優れた力を発揮できるかもね。興味があるなら、法や経済について勉強できる大学に進み、選挙のボランティアなどに参加してみよう。

航空管制官

管制塔から飛行機の交通整理を行なう

　飛行機が安全に飛べるよう交通整理を行ない、離着陸できるよう誘導するのが航空管制官の仕事。空港の航空管制塔などから、レーダーや無線電話を使い、フライト中のパイロットに情報を提供します。

- **先生のおすすめ**

　てつお君は鉄道だけじゃなく、飛行機にも興味があるよね？「航空管制官」は、レーダーを見て飛行機の位置を正確に把握し、的確な指示を出さなければなりません。一つ間違えれば大きな事故につながるため、頭のなかで立体的に空間をイメージする力が求められます。また、ときにはたくさんの飛行機を同時にコントロールしなければならないので、記憶力も必要です。てつお君はいろんな鉄道や路線図を覚えているし、見たものを記憶しておく力に秀でているから、この仕事にむいていそう。

　だけど、航空管制官は国家公務員で、採用試験の合格率は5％前後、倍率は20倍前後という狭き門です。興味があるなら、挑戦してみよう。

 # こころちゃんのタイプにむいているお仕事

デコレーター

ショーウィンドウなどの飾りつけを担当

ディスプレイデザインの会社や広告代理店のディスプレイ部門で働き、季節に合わせて、お店の売り場やウィンドウ、ショーケースなどのデコレーションを行ないます。

- **先生のおすすめ**

  こころちゃんのセンスがいかせる仕事として「デコレーター」なんかもいいんじゃないかな。図面を描いたり、装飾物をデザインしたりすることもあるので、絵が得意な人にむいている仕事です。

  ただ、好きなように飾ればいいわけではなく、クライアントと何度も打ち合わせを重ね、イメージに合ったものをつくらなければなりません。自分が「いい！」と思ったアイデアにだめ出しされたり、むりなリクエストをもらうこともあるけど、イメージどおりのデコレーションが完成したときの喜びと達成感は、何ものにも代えがたいものがあります。こころちゃんなら、きっと道行く人が足をとめるような、すてきなデコレーションを演出できると思います。

アニメーター

アニメのもととなる絵を描く

アニメーションのもととなる絵を描く仕事。動画のポイントになる絵を描く人は原画マン、そのあいだのコマを描く人は動画マンと呼ばれ、ふつうは動画からスタートし、原画作業へステップアップします。

• **先生のおすすめ**

　こころちゃんは「アニメーター」もむいているかもしれないね。アニメーション作品が、膨大な枚数の絵をつなぎあわせてつくられているのは知っているよね？　その1枚1枚を描いていくのがアニメーターの仕事です。

　毎日、ひたすらおなじような絵を何枚も描き続けなければならないので、よっぽど絵を描くのが好きな人でなければ、つとまりません。その点、こころちゃんはコツコツ集中してずっと絵を描いていられるので、大丈夫でしょう。

　ただ人とくらべて絵がじょうず、というだけでなく、リアルな動きを再現したり、細部まで正確に描く高い画力が求められます。さらにスキルアップするために、日ごろから観察力を高めて、気になるものがあればデッサンをするくせをつけていきましょう。

人形作家

さまざまな人形を制作する

　人形作家に弟子入りするか、人形の制作会社に就職して、ひな人形や日本人形、フランス人形などの立体的な人形をつくる仕事。1体すべてを一人でつくることもあれば、手足をつくる人、頭部をつくる人、衣装を考える人など、分業して作業を行なうこともあります。

• **先生のおすすめ**

　ちょっとおもしろそうな仕事として、「人形作家」もいいかも。かわいいものが大好きなこころちゃんは、楽しくお仕事できるんじゃないかな。

　人形のアイデアを考えるときは平面にデッサンするけど、実際につくるときには、360度すべての角度から見た人形のイメージを、立体で表現していく力が必要です。ふだん、絵を描くときに、自分の好きな角度からの絵だけでなく、別の角度から見た絵も紙の上に表現する練習もしてみましょう。こころちゃんは見たものを記憶する力に秀でてるから、きっとすぐに立体的なイメージを再現できるようになるでしょう。プラモデルなどの模型を組み立てるとか、ねん土で自分がイメージしたものを立体で表現してみるのもいいかもね。

ハイパー君のタイプにむいているお仕事

スポーツ選手

スポーツ分野でプロ選手として活躍

野球やサッカー、ゴルフ、ボクシングなどのスポーツで、プロとして活躍します。けがや病気をしないように体調管理をしながら試合や大会でよい成績を残せるように、日々トレーニングを積まなければなりません。

- **先生のおすすめ**

体力と運動神経に自信のあるハイパー君なら、華麗な技で大勢の観客を魅了する、大スターの「スポーツ選手」になることができるかもね。

スポーツ選手をめざすなら「1％の才能と、99％の努力」が必要。現在プロとして活躍しているスポーツ選手はみんな例外なく、他人が見ていないところでとてつもない努力をひたすら毎日続けています。ハイパー君は、毎日コツコツ続けることがあまり得意ではないけど、いまからその訓練をしておくと、将来にいかせるでしょう。

がむしゃらに練習するだけでなく、目標を決めて、よりよい結果を出すにはどこをどう修正すればよいか自己分析して修正していけるといいですね。たとえば「○回素振りをする」「○回フリーキックの練習をする」など、毎日一つのことを時間を決めてコツコツがんばってみよう。

警備員

人や施設を警備し、守るお仕事

工事現場での誘導、ショッピングセンターやテーマパーク、美術館など施設内の見まわり、要人のボディーガードなど、さまざまな警備を行ないます。とくに資格は必須ではありませんが、施設警備検定、交通誘導警備検定などの資格を取得しておくと、将来的に有利です。

- **先生のおすすめ**

　ハイパー君の体格と体力がいかせる、「警備員」はどうかな。瞬発力もあるので、いざというときに市民や要人（首相や大統領など国家的に重要な人）、はたまた高価な貴金属や世界的な名画などを身体をはって守る、立派な警備員になることができるでしょう。

　警備員には体力はもちろんのこと、強い責任感が求められます。日ごろから、自分が決めたことや約束は責任を持って守る、ということを実行し続けることで、警備員に求められる強い責任感が少しずつ養われるでしょう。

　ハイパー君は少し気分屋のところがあるから、お友だちとの約束はかならず守ったり、自分が「やる」と決めた目標はかならず最後までやり通すなど、身近なところからできることを実行していきましょう。

発展途上国支援

開発が遅れている国の支援を行なう

　経済発展や開発が遅れている国に行き、さまざまなお手伝いをする仕事です。国際機関のほか、企業のＣＳＲ部門やＮＧＯ団体、開発コンサルタント会社などに所属し、学校や施設をつくったり、農業や工業の指導を行なったり、発展途上国の支援を行ないます。

- **先生のおすすめ**

　身体が丈夫なハイパー君なら、けっして環境がいいとはいえない国に行っても、その力を発揮することができるでしょう。

　ただ体力だけでなく、その国にはどんな問題があって、どんな支援が必要なのか、現状を知っていく必要もあります。また海外で仕事をするので、語学力も必要です。勉強はあまり好きではないハイパー君だけど、もし興味があったら、ネットで調べたり、新聞を読んで、発展途上国の問題点や現状を知り、自分に何ができるのか考えてみましょう。求められる語学力を身につけておくため、英語の授業もがんばる必要があります。

しずか君のタイプにむいているお仕事

PA エンジニア

コンサートなどで音の調整を行なう

PA（音響設備）を用いて音の調整を行ないます。音響会社、コンサートや舞台の企画・制作会社、コンサートホールやライブハウス、劇場、ホテル、テーマパークなどに就職するのが一般的です。

・**先生のおすすめ**

しずか君は、音楽を覚えるのが得意だし、かすかな音の変化を聴き分けることができるので、「PA エンジニア」にむいてるんじゃないかと思います。

PA エンジニアの仕事は、機材を運んだり配線をセッティングしたり、先輩のアシスタントからスタートします。職人気質の人が多くて、一般的に上下関係のきびしい業界だけど、年上の人にかわいがられるタイプのしずか君なら、先輩たちとうまくやっていけるんじゃないかな。

音響や音響工学に関する知識や技術が必要なので、専門学校や大学（工学部など）で学んだ方がいいでしょう。機材を運ぶこともあるので、「普通自動車免許」や「中型自動車免許」もとっておくと就職に有利です。

テープライター

録音された音声を文章に起こす

会議、講演会、インタビューなど、録音された音声を文章に起こす仕事で、「テープ起こし」と呼ばれることもあります。在宅、フリーランスで働くことも可能なので、女性や主婦にも人気があります。

- **先生のおすすめ**

　「テープライター」は、正確に聴き取る力はもちろん、できるだけ速く入力していくスキルも必要。しずか君は聴き取るのがじょうずなだけでなく、タイピングも速いので、この仕事にピッタリですね。

　テープライターは簡単な仕事ではありません。聴き取りにくい音声があったり、業界の専門用語が飛び交っていたりするので、正確に聴き取るためには何回もおなじところをくり返し聴かなければなりません。専門的な用語を聴き取るために、検索したり、資料を読んだり、さらには専門書を調べたりすることもあります。

　もし興味があるなら、適当な動画や音声を再生し、それを聴いて書き取る練習をしてみよう。実際にやってみたら、適性があるかどうかが、すぐにわかります。

葬儀屋

お葬式の準備や進行を行なう

　亡くなった方の遺体を管理し、ご遺族をサポートしながら、お通夜やお葬式のトータルコーディネートを行なう仕事です。最近では、専門学校で学んだり、「葬祭ディレクター」の資格をとる人もいます。

- **先生のおすすめ**

　おだやかで誠実な雰囲気があるしずか君は「葬儀屋」にむいているんじゃないかな。遺族の立場になり、まごころをこめて仕事ができる人でなければ続かないでしょう。しずか君のまじめさは、この仕事にいかされると思うよ。

　葬儀屋の仕事には遺体の処置、式の準備、霊きゅう車や火葬場の手配、式の運営、棺の運搬などたくさんの段取りがあります。葬儀の現場では、悲しんでいる遺族を気づかいながらも、冷静に仕事を進めていく、精神面での強さも求められます。しずか君は優しすぎるところがあるから、慣れないうちは遺族の悲しみに共感して一緒に落ち込んでしまうことがあるかもしれませんが、先輩社員や同僚に相談しながら乗り切ろうね。遺族の人たちから「いい葬儀だった」と感謝されるのが、葬儀屋にとって何よりのやりがいです。

# あかりちゃんのタイプにむいているお仕事

パン職人

おいしいパンをつくる

パンづくりのプロフェッショナルとして、町のパン屋やホテルのレストランのベーカリー部門などでパンをつくります。とくに資格は必要ありませんが、「パン製造技能士」などを取得する人もいます。

- **先生のおすすめ**

あかりちゃんは、一度覚えたことは手順どおりていねいに取り組むことができるよね。毎日たくさんのパンをおなじ味、おなじかたちでつくる「パン職人」はあかりちゃんにピッタリじゃないかな。

焼きたてのパンを早朝に買いに来るお客さまも多いので、パン屋は朝早くからお店をオープンさせるのが一般的です。そのためパン職人は、朝3～4時ごろから厨房に入り準備をすることもめずらしくはありません。いまから早起きをする朝方の生活に慣れていきましょう。

ふだんより30分から1時間程度早く起きて、そのぶん勉強をしたり、お母さんの代わりに朝ごはんをつくってあげるのはどうでしょうか。朝の涼しい静かな時間に活動するのは、とても気持ちいいですよ。朝のラジオ体操を行なったときのことを思い出すと、そのことがよくわかるでしょう。それから、もし機会があれば、ぜひ、お菓子づくりやパンづくりにトライしてみて。

ベビーシッター

託児所や個人宅で子どもをあずかる

個人宅や民間の託児所、企業、イベント会場などにおいて、だいたい乳幼児から小学生の子どもの保育・世話をします。最近では、ベビーシッター派遣会社に登録して働く人が増えています。

- **先生のおすすめ**

　あかりちゃんは子どもと遊ぶのが得意だから、「ベビーシッター」の仕事もいいかもしれないね。世話好きのあかりちゃんにはむいているんじゃないかと思います。

　ただし、ベビーシッターは、子どもがけがをしないように、いつも気を配っていなければなりません。そして、突然の体調変化やけがをしたときなども、あたふたせずに、対応しなければなりません。強い責任感と、臨機応変に対応する力が求められます。自信を持って対応するためには、知識も必要です。ベビーシッターになるために、とくに資格は必要ないけれども、育児や保育について学んでおく方がいいでしょう。民間の資格やスクールもあるので、じょうずに活用してね。

アロマセラピスト

アロマセラピーで悩みや不調を改善

　天然の植物から抽出したエッセンシャルオイルを使って、ストレス解消やさまざまな身体の不調を改善に導きます。アロマ専門ショップや美容サロン、アロマトリートメントサロンのほか、治療院や心療内科などの医療関係施設で働く人も増えています。

- **先生のおすすめ**

　「アロマセラピスト」は、「人を元気にしたい」「人の役に立ちたい」と思う人にむいている仕事なので、あかりちゃんにぴったりなんじゃないかな。いい匂いに囲まれて、仕事ができるのもすてきだよね。

　アロマセラピストは、悩みや香りの好みを把握したうえで、エッセンシャルオイルを選びます。オイルは何百種類もあって、それぞれ性質や効果が違うので、特徴を知っておかなければなりません。さらに、身体に直接ふれてマッサージなどを行なうこともあるので、身体の構造や血液・リンパの流れ、ツボなどの知識も必要です。本を読むのが好きなあかりちゃんだから、興味があれば勉強してみるといいでしょう。AEAJ アロマテラピー検定、IFA アロマセラピストなどアロマ関係の資格にチャレンジしてみるのもいいかもね。

飯島先生から保護者・先生のみなさまへ 特性をふまえた就労アドバイス

　この本に登場した子どもたちそれぞれの特性から、将来の仕事について、考えてみましょう。

●それぞれの子どもたちの特性

	てつお君	こころちゃん	ハイパー君	しずか君	あかりちゃん
傾向	ASD	ADD	ADHD	LD（ディスレクシア・算数）	知的ボーダー
全IQ ＊1	110	95	100	90	80
受発信（量）	少	少	多	少	多
受発信（質）	ズレ	ズレ	ややズレ	良	楽
対人・柔軟性	固	柔らかすぎ	普	柔	柔
処理速度 ＊2	遅	遅	速	やや遅	遅
ワーキングメモリー ＊3	高	低	低	低	低
粗大微細 ＊4	不器用	器用	粗大器用	微細得意	不器用

＊1　全IQ：知能の基準を数値化したもの
＊2　処理速度：視覚的な情報を素早く正確にとらえ処理する能力
＊3　ワーキングメモリー：短い時間に情報を記憶しながら処理する能力（作動記憶）
＊4　粗大微細：粗大＝全身を使った運動、微細＝手先などを使った細やかな動作

てつお君のばあい

　こだわりや探究心が強く、マイペースなてつお君は、典型的な自閉スペクトラム症（ASD）。幼いころから鉄道、昆虫、恐竜など特定のジャンルの知識が豊富で、「博士」「天才」などと呼ばれるタイプです。

　全体的なIQ（知能指数）が高く、記憶力や情報を処理する力に秀でているので、コツコツとデータを集めて覚えたり分析したりするのが得意です。ですから、1章で紹介してきたように、てつお君は研究職や専門職にむいています。

　一方で、素早く情報を処理することがむずかしく、臨機応変な対応やスピーディーな判断を迫られるとパニックを起こしてしまいます。予定の変更が苦手で、構造化（刺激・情報を整理すること）された環境を好みます。しかし、どんな仕事でも、多少の変更や予想外の展開は避けられないので、てつお君が仕事を続けていくためには、「まぁ、いいか」という柔軟さや状況に合わせて処理していく力を身につけていく必要があります。

　また、てつお君はむずかしい言葉をたくさん知っていて論理的に会話を組み立てることはできるのですが、一方的に自分の好きな話ばかりする傾向が強く、会話のキャッチボールや社交辞令的な会話に興味がありません。わずらわしい人間関係に巻き込まれないマイペースさはてつお君の強みですが、これから社会人にむけて、人の話を受けとめたり、何気ない日常会話を楽しんだりするスキルも学んでおく方が何かと便利かもしれません。

　あと、てつお君は全体的に運動神経が鈍く、手先が不器用で、身体を動かすことも苦手です。理系の研究職をめざすばあい、実験は避けて通れませんし、そのほかの仕事でもフィールドワークがハードルになってしまうかもしれません。できるだけ得意な力を磨いておく一方で、苦手なことを免除してもらえたりサポートしてもらえたりできる環境で働くことを検討していく方がいいでしょう。

こころちゃんのばあい

　おっとりとやわらかい雰囲気のこころちゃんですが、「整理整頓ができない」「集中力が続かない」「物をよくなくす」「もの忘れ、うっかりミスが多い」などの悩みを抱えています。ADHD（注意欠如・多動性障害）のなかでも多動性や衝動性が目立たないADD（不注意優勢型）と呼ばれるタイプです。

　絵やまんがを描くのが得意でまんが家を夢見ているようですが、プロとして仕事をしていくためには、優先順位をつけて作業を行ない、スケジュールを守る自己管理能力が求められます。こころちゃんにとっていちばんの苦手分野なので、絵やまんがを描くことは趣味にしておく方がいいかもしれませんね。

　こころちゃんのばあいは、一人で何もかもこなさなければならず高い自己管理能力が必要な仕事をめざすより、しっかりした上司や先輩に管理・サポートしてもらえる職場で働ける仕事を選ぶ方がいいでしょう。何かにつけてスローで、のんびりしていますが、人当たりがよくて愛されるキャラクターなので、まわりに信頼できるサポーターをつけていけば、じっくり仕事に取り組んでいけるはずです。

　うっかりミスや思い違いを減らすために、いまのうちから「メモをとる習慣をつける」「少しでも整理整頓のくせをつけていく」などの努力はしておく方がいいでしょう。ゆっくりでもいいので、おそうじやお料理のお手伝いをしたり、パソコンのスキルを身につけたり、できることを増やしておくと、将来きっと役に立ちます。

ハイパー君のばあい

　元気いっぱいのハイパー君は、ついついテンションがあがりすぎて悪ふざけが過ぎてしまったり、自己主張が強いあまり友だちとけんかになってしまったり、いつも暴走ぎみで、先生や家族から怒られてばかり。悪気はないのにトラブルメーカーになってしまうADHD（注意欠如・多動性障害）タイプです。

スポーツが得意で運動神経がいいだけでなく、情報を処理していく能力が高く、発想力もアイデアも豊かで、行動力があり、リーダーシップをとることもできる高いスキルがあるのですが、いま一つその力をいかしきれていません。

　けれども、ハイパー君のようなタイプがいずれ自分をコントロールする方法を身につければ、その高い能力をいかして働くことは不可能ではありません。しかし、残念なことに、まわりから怒られてばかりいるうちに、「どうせ自分なんて……」と卑下してしまったり、「何をやってもダメ」と意欲をなくしてしまったりするリスクも考えられます。

　ハイパー君のようなタイプは、毎日の生活のなかで信頼できる人からアドバイスを受けながら「少しがまんしたら、うまくいった」「話し合ってみたら解決できた」など達成感を得られる経験を積んでいき、自分をコントロールする力を育むことが何よりも大切です。そのうえで「この仕事がしたい！」「自分の力をいかして社会の役に立ちたい」と意欲を持てる分野が見つけられれば、劇的に成長できるはずです。

しずか君のばあい

　家でゲームをするのが大好きでインドアタイプのしずか君は、おだやかでコツコツ地味な作業に取り組める強みがあります。

　けれども、LD（学習障害）があり、文字の読み書きや数学が苦手。正確に板書したりメモをとることができず、簡単なおつりの計算も間違えてしまいます。子どものころから不得意なことが多かったので、「失敗してしまうんじゃないか」「笑われてしまうんじゃないか」など不安が強く、いつも自信がなさそう。将来はゲーム関係の仕事につきたいと思っているようですが、「ぼくみたいな劣等生でも、本当に働いたりできるのかな……」と消極的です。

　しずか君は「指示を聞いてメモをとる」「電話番号を記憶してダイヤルする」と

いった記憶に関する処理も苦手なので、たくさんの情報にテキパキ対応していかなければならないような職場で働くのはきびしいでしょう。逆に、パソコンでコツコツ大量のデータを入力したり、時間をかけてプログラムを組んだりする、根気が必要な仕事にはむいています。

パソコンは得意でタッチタイピングもできるので、IT系の仕事に適性があるかもしれません。また、本人は気づいていませんが、手先が器用だったり、聴覚からの聴きとりに優れていたり、得意なこともたくさんあります。

できるだけ自分のペースで得意な作業にだけ集中できる職種＆職場を選べば、その力を最大限にいかした仕事ができるはずです。

あかりちゃんのばあい

元気いっぱいでおしゃべりが大好きなあかりちゃんは、無邪気で天真爛漫。13歳の誕生日をむかえましたが、知能検査では10歳くらいのIQという結果で、年齢より幼く見えます。勉強も作業も得意ではありませんが、じっくり時間をかけて覚えれば、教えられたことにしっかり取り組んでいく力があります。手先もそこそこ器用なので、清掃や工場での軽作業などのルーティンワークにむいています。

また、世話好きなあかりちゃんは、家で飼っている猫の面倒をいつもていねいに見ています。動物や植物にかかわる仕事、もしくは介護や保育など福祉分野で人のお世話をするような仕事にもむいているかもしれません。明るく愛らしいあかりちゃんのキャラクターには、人を癒し笑顔にする力があります。きっと、福祉の現場では人気者になれることでしょう。

いずれにしても本人にわかりやすく作業工程を伝え、根気強く指導してくれるようなサポートが必要です。

第2章

Kaien
鈴木先生が教える
キャリア教育の
お話

はじめに

「仕事」というと、みなさんはどんなイメージを持っているでしょうか？「ネクタイをしめて働くサラリーマン」のほか、子どもたちのあこがれの職業には決まって「スポーツ選手」「芸能人」「警察官」「ケーキ屋さん」「お花屋さん」などがランクインします。

この本では、子どもたちが知っている職業以外にも、世の中には多くの仕事があることを紹介しました。子どもたちにはその職業の魅力だけでなく、たいへんなところやマイナス面についても、感じてもらいたいと思っています。また将来、仕事をするためにいまから努力しなければいけないことについても言及しました。

それでも、子どもたちに提供した情報の多くは、「将来にむけてのキラキラした理想的なお話」です。この章では、その理由と「将来にむけての現実的な話」についても解説します。

人事異動が多く、求められるレベルの高い大手企業

「将来の職業」を会社員に限定すれば、①大企業の一般枠、②中小企業の一般枠、そして③大企業を中心とした障害者枠の、大きく三つに分かれます。それぞれについて解説しましょう。

まずは①大企業の一般枠についてです。終身雇用神話が崩れた現在でも、安定して働ける可能性が高いのは①といえます。ただし、この本に登場した子どもたちにとって、①がやや高い壁であることは否定しづらいところです。とくに入社する前段階である「就職活動」がいちばん高い壁になります。

大企業が行なう面接では、臨機応変さや柔軟な会話力が求められます。また、応募書類は志望動機や自己PRなど、すべてを文章で埋める箇所が多くあります。大学や大学院で

レポート・論文の作成に苦労することが多い発達障害のある学生は、苦戦しがちです。

また、働き始めてからも頻繁に人事異動があり、つねに人間関係を構築していく必要があるため、幅広いコミュニケーション能力が求められます。子会社や関連企業・顧客企業・部下など、複数の関係者を調整していく力が必要になってくると同時に、大企業の高い給与に見合った貢献が求められることに、苦しさを感じる方が少なくありません。

この大手企業が求める「レベルの高さ」という部分が、子どもたちに伝えなかった一つめの現実です。もちろん大企業でも、発達障害の傾向のある人が多数働いています。けれども、彼らは自分の能力がいかせる部署で働いていたり、周囲の人にはない特殊な能力を持っていたり、どこか憎めないキャラクターを確立して人間関係を乗り切れていたりなど、多くがプラスαの力を発揮しているのです。「大企業の一般枠」に就職し働き続けることは、発達障害のある人にとって困難をともなうことがあり得ることを知っておく必要はあるでしょう。

強みをいかすだけでは働けない中小企業一般枠

つまり相当数の子どもたちが②か③をめざすことになるでしょう。しかし、②か③だからといって、簡単に仕事を続けていける保証があるわけではありません。

次に②中小企業の一般枠という選択肢について考えてみましょう。大企業より競争率が低く、多少楽になりますが、それでも簡単に入れないのが現実です。むしろ簡単に入れるところは、「人手不足が深刻なのではないか」「労働条件が劣悪なのでは」など、疑った方がいいかもしれません。

さらに、入社さえすれば仕事は楽かというと、必ずしもそうではありません。とくに中小企業は、一人が何役もこなすことが多く、"一つの仕事だけをすること"はできないことが多いためです。

たとえば、こころちゃんにすすめた保育士という仕事。「子どもの世話をする」という

ことに焦点を当てて説明していますが、実際には、保育士の仕事は子どもの世話だけではありません。保護者とのやりとりや先生同士の関係づくり、教室内掲示物の作成に行事運営……など、多種多様なスキルが求められます。こころちゃんに保育士をすすめたのは、こころちゃんの持つ強みを最大限に発揮できたばあいに、保育士が携わる主な業務は担えると思ったからです。けれども、その他の業務については、こころちゃんの力だけですべてこなしていくのはむずかしいこともあるでしょう。

　このように、中小企業の一般枠では「この仕事だけやっていればよい」ということは少なくなりつつあります。あったとしても、よりその分野で高い能力や専門性が求められることが多いでしょう。

　これが子どもたちに伝えなかった二つめの現実です。たとえ自分の好きな分野の仕事を選んでも、得意なことだけをやれるわけではなく、同時に苦手な業務にも取り組む覚悟が必要です。

発達障害のある人は障害者枠で働けるのか？

　最後に③大企業を中心とした障害者枠について解説します。よく知らない人もいるかもしれないので、くわしく紹介しましょう。

　基本的には発達障害でも障害者手帳を所持していれば、障害者枠で働くことができます。手帳にはいくつかの種類がありますが、発達障害のある人が取得するのは、「療育手帳」「精神障害者保健福祉手帳」のいずれかです。療育手帳はIQ70未満の方という制限があるため、今回、登場した子どもたちが取得するのはむずかしいかもしれません。ただし、精神障害者保健福祉手帳は発達障害の診断書があれば、ほぼ問題なく発行されます（多少の地域差があるので、詳細は地元の発達障害者支援センターなどに問い合わせてください）。

　障害者枠で就職するには、一般枠同様にウェブサイトでも探すことができ、障害学生のための専用サイトも存在します。また、ハローワークが主催する「障害者雇用を希望する

企業が集まる障害者就職面接会」もあります。とはいえ、自力での就活がむずかしいばあいには公的な就労支援機関の利用をおすすめします。

　ただし、障害者枠の就活が一般枠とくらべて容易かというと、必ずしもそうとは限りません。なぜならば障害者雇用の世界では身体障害者の求人が依然高いといえるからです。目に見える障害は配慮をすべき点がわかりやすく、雇用側が雇いやすいと感じることが多いためです。昔にくらべれば精神障害や発達障害への認知度は高くなりましたが、どんなサポートが必要なのか個別性も高くわかりにくいため、身体障害者の雇用に比較すると遅れているのが現状です。ですから、就労支援機関を積極的に活用し、受け入れ体制が整っている企業を探すのがよいでしょう。

　障害者枠での仕事は、大きく「軽作業」と「事務補助」の二つに分かれます。軽作業は主に運搬・清掃・包装をさします。事務補助は、パソコンでのデータ入力や電話対応、ファイリングなどの仕事です。職種はかなり限定されますが、一般枠での就職と違い「決められた仕事をマニュアルどおりに」という条件のもとで働くことが多いようです。

　なお、近年は障害者枠での専門職も増えています。とくに首都圏では、求人の数に対して働ける障害者が少ないため、給与や職種が一般枠に近づきつつあります。

会社の規模や職種はどんなものが望ましいか？

　では、総合的に考えると、どういう選択がおすすめなのでしょうか。

　まず、一般枠について「会社の規模」と「職種」に限って考えてみましょう。大企業の仕事は中小企業にくらべ細分化・専門化されていますが、すでにお伝えしたとおり、優秀な人たちのなか、速いスピードで上質な成果を求められ続けます。そのスピードやレベルについていくためには、幅広い能力や社会性が求められることが多いでしょう。たとえ強みをいかした専門職に就けたとしても、外部の協力企業や部下を使いこなすスキルが求められてしまうと、対人コミュニケーションが苦手な発達障害の人たちは、苦しい状況に追

い込まれがちです。
　一方、従業員が数十人程度の小さな会社は、一人の社員がいくつもの仕事をこなすことが多く、臨機応変さや許容範囲の広さが求められます。これもまたハードな環境といえるでしょう。
　私たちが支援をしているなかで、発達障害の人の力をじょうずにいかしているケースが多いのは、社員数が数百人程度の会社です。アットホームで堅実な雰囲気だと、なおよいでしょう。ビルメンテナンス会社のように、人ではなく物を相手にする時間が長い仕事が理想的です。時代が変わっても求められるスキルが大きく変わらない業務であれば発達障害のある人も対応しやすく、何より堅実さやコツコツ取り組めるという強みをいかしやすいからです。

一般枠と障害者枠、どちらがいいのか？

　障害者枠を「一般枠が無理だった人が行くところ」と誤解している人もいるかもしれませんが、一般枠と障害者枠にとくに優劣はなく、働くための制度・手段の違いでしかありません。実際のところ障害者枠も一般枠と同様に、多種多様なかたちがあります。
　メリット・デメリットという観点からは、どちらがいいのか一概にはいえません。「障害を周囲に知られないまま働きたい」という人もいれば、「障害を理解してもらったうえでサポートを受けながら安心して働きたい」という人もいるでしょう。本人が「どんな働き方がしたいのか」を考えたうえで選択しましょう。
　ちなみに、一般枠から障害者枠に切り替えることも可能であり、その逆の事例も多くはありませんが可能です。もしどちらにするか決められないならば、とりあえず一般枠をめざし、もし一般枠での継続がきびしければ障害者枠へ移行する道も考えられます。

●一般枠と障害者枠の違い（早見表）

	一般枠	障害者枠
障害者手帳の有無	不要だがあってもよい。	原則必要
職種	幅広く選択肢も多い。ただし、得意なことだけに取り組むというのはむずかしく、幅広いスキルが求められる。	「軽作業」と「事務補助」が6割以上を占める。近年はウェブデザインなどの専門職も出てきている。
勤務時間	8時間労働、週休2日が多い。必要に応じて残業・休日出勤が発生する。	短時間勤務など配慮してもらえることがある。逆に、フルタイムで働かせてもらえないばあいもある。基本的に残業はない。
給料	経験や成果に応じてあがることが多い。	昇給はあまりない。
昇格	経験や成果、職場の状況に応じ、リーダーシップを求められるようになる。	入社時は契約社員でも、数年後には正社員に登用されるケースが増えてくる。
障害への配慮	ナチュラルサポートの範囲での配慮が基本。また、障害をオープンにしないで働くばあいが多い。	企業側が認めた範囲であれば、配慮を受けることができる。

福祉就労という選択肢

「企業に就職するのがむずかしそう」というばあい、企業に雇われない働き方も考えられます。たとえば、自分で起業したり、フリーで働いたり、いくつかの方法があります。ただし、そうした選択肢を選ぶ場合は、個々のケースで状況が大きく異なるため、ここでの解説は割愛します。

発達障害のある人の働き方の選択肢として、福祉就労という方法もあります。いままで紹介してきたのは、いわゆる一般就労で、障害者枠も一般就労の一つの形態です。

一方、福祉就労とは、支援を受けながら働く福祉サービスの一つで、税金で運営されて

います。代表的なものが就労継続支援事業で、雇用契約を結び利用する「A型」と、雇用契約を結ばないで利用する「B型」の2種類があります。

　A型は一般企業への就労が困難な人で、雇用契約をして働くことができる人と契約を結び、就労の機会を提供します。B型はA型よりも就労面での課題が大きく雇用契約を結ぶことがむずかしい人に、就労の機会を提供する施設です（253ページ参照）。

　A型もB型もそこで働き続けることを目的にした施設ではなく、一般就労などへの移行に向けて支援を行なうことが目標となっています。しかし、一般就労に移行できる人は限られており、A型で5％程度、B型で2％以下という非常に低い水準になっています。

なぜ子どもたちに夢を見させるのか？

　この本の目的は、進路指導ではなくキャリア教育です。キャリア教育は「What」ではなく「How」を育てることと、私たちは定義しています。進路指導では「どんな学校に行くか」「どんな職業に就くか」を考えさせることが目的ですが、キャリア教育では「働く力」を身につけることを目標としています。「働く力」とは、「広く社会人・職業人として自立していくためのスキル」のことだと考えてください。

　もちろん、これは発達障害のみならず、すべての子どもたちに必要な教育でしょう。とくに発達障害のある子どもたちは、社会を広く見わたしたりイメージをふくらませたりすることが苦手なので、早いうちから働くことを考える機会を与えていく必要があると私たちは考えています。この本の冒頭でふれたように、子どもたちが知っている職業は、非常に限られています。さまざまな職業にふれ、その中身を知ることで「世の中にはたくさんの仕事があるんだな」「いつか自分もどれかの仕事に就き働くんだな」「自分はこの仕事にむいているかもしれないな」「この仕事に興味があるな。そのためにいま、これをがんばらなきゃいけないな」などと考え、日々の行動につなげてもらうことが大切です。つまり、夢を見るためにも、現実的なスモールステップを伝える必要があるのです。

　キャリア教育では、理想と現実をじょうずにブレンドして伝えていくことが重要です。

ですから、この本では「将来にむけてのキラキラしたお話」をしつつも、本人の特性的にむずかしいものは率直に伝え、必要な取り組みについても紹介しました。
　つまり、キャリア教育は、①自分の将来について身近に考える機会を持つようになること、②実際に知っている職業・選択肢を増やすこと、③いまの自分に必要な「働く力」を知ること、④③を身につけるための活動経験を積んでいくこと、が目的です。第2章は、①〜③についての取り組みでした。そして、これらの積み重ねが子どもたちの「働く力」を育てていくことにつながるでしょう。

保護者にはどんな役割があるのか？

　子どもたちが純粋に将来について希望を抱けるよう、周囲の大人は地に足をつけて現実を見据えながら、子どもの力を信じていく必要があります。こころちゃんが「まんが家になれるかな？」と思いながらお絵描きを楽しんだり、そのための努力をすることを、否定する必要はありません。ただ、夢を一緒に見つつも、子どもにとって現実的な進路を選択肢として見せていくことや、夢に必要なスキルを日々の生活の中で伝えていくことは、親、先生が果たすべき役割の一つといえるでしょう。
　先に述べたように、キャリア教育の目的は、子どもたちが実際に就くであろう職業を決めさせることではありません。ですから、「将来うちの子は障害者枠で働くから、そのために勉強なんてさせてないでしっかり単純作業ができる器用さと体力を身につけさせなきゃ！」「一般就労ができるようにパソコンスキルを高めるため、ひたすら練習させよう！」……などと、保護者の方には思い込まないでいただきたいと思っています。そもそも、いまある職業が10年後もそのままのかたちであるとは限らず、社会の状況もどう変わるか予測できません。いまから職業スキル獲得のために限定的な経験をさせても、その職種自体が世の中からなくなったり、限られた業務にしかならない可能性すらあるのです。くり返しですが、幅広い「働く力」を身につけることが、将来を豊かにするポイントになるといえましょう。

では、保護者は、いつ、どこまで、子どもの進路選択にかかわるべきでしょうか。ご存じのように、現在の就職活動は非常に険しい道のりです。「20歳を過ぎたからその子に任せるべきだ」では、いまの複雑怪奇な就活、とくに情報が得られにくい障害者枠の就活を戦い抜くのは至難の業です。親が一定程度、進路選択を子どもに提案し、大きな段取りや進捗状況を確認することが必要な場合もあるでしょう。

　一方で、自分の子どもを信じ、必要以上に苦しめないことも重要です。あまりにも介入し過ぎると、本人の気持ちをそぎ、親を満足させるための行動しかできなくなるおそれもあります。就活で何より大切なのは、「人と人とのフィーリング」。「ご縁」です。面接が下手でも、作業力が劣っていても、学力的に低くても、「かわいげ」がある方が好まれます。「かわいげ」を最大限に引き出すためには、子どもの「よさをつぶさないこと」を大事にしてほしいと思います。

最後に

　以上はあくまで"現在（2017年）の進学・就活・就職事情"です。発達障害者支援法が施行されて、法的に発達障害者のサポートが必要だといわれるようになったのは2005年からです。そこから発達障害のある人をめぐる環境は少しずつですが変わっています。これから先も発達障害のある人の社会での活躍の仕方が変わり、社会の意識が変わり、法が変わり、進路選択もかならず変化していくでしょう。つねに新しい情報に着目していくことが大切でしょう。

第3章

発達障害の子のための
ハローワークQ&A

Q1. 発達障害のある人にむいているお仕事って何ですか？

ASDにむいている仕事は？

　発達障害といってもその特性はそれぞれなので一概にはいえませんが、ASDタイプの人にむいているのは、成果や○×がわかりやすい仕事です。

　たとえば、経理・財務、法務・情報管理、コールセンター、テクニカルサポートなど「ルールやマニュアルがしっかりしている職種」。プログラマー・テスター、ネットワークエンジニアなどIT関係、家電量販店の販売員、塾での問題作成など、「数字・論理や豊富な知識で対応できる（人の気分に左右されにくい）職種」があげられます。

　そのほか視覚的な情報処理が強いタイプなら、CADオペレーター、工業系デザイナー、設計士など、「視覚情報が重要な職種」にも適性があるかもしれません。

　一方でASDタイプが苦手な職種も、残念ながらたくさんあります。電話応対の多い業務や、同時並行する作業が多く相手の気持ちを汲みながら働くような接客業務、計画を立て段取りよく、かつ時には話を盛ったり方便も必要な営業、ミスが許されない書類の作成業務などは、苦しむ人が多いと思います。また得意な方に書いたIT関係でも、営業や調整の役割が多いSE（システムエンジニア）は避けた方がよいケースが多いでしょう。

ADHDにむいている仕事は？

　ADHDタイプにむいているのは、編集、記者、ディレクター、カメラマンなど「自分の興味を発信できる職種」。料理人、整備工、プログラマー、アニメーター、デザイナーなど「物づくりにかかわる職種」。研究者、学者、塾講師、教員など「専門分野に特化できる職種」があげられます。

　発想が豊かで実行力もあるといわれるADHDタイプですが、気移りしやすいのが仕事で困難を感じる要因になり得ます。まずは、一つの仕事に腰をすえて取り組んでいけるかどうかが重要です。ただし、やや矛盾しますが、いまの社会は変化が激しく日進月歩で変

わっていきます。たとえば、プログラマーといっても、20年前のプログラマーといまのプログラマーは、覚える知識や必要とされるスキルがまったく違うのです。ですから「この分野のプログラミングだけがしたい」などと極端に業務の幅を狭めず、プログラミング全般に興味・関心を持ち、新しい知識を学び続けることを意識していくことも必要です。

職場とのマッチングがポイント！

何より重要なのは「むいている仕事」「むいていない仕事」よりも、「むいている会社・職場・社風」「むいていない会社・職場・社風」で考えた方がよいということです。

ASDタイプが苦手とされる接客でも、マニュアルが整っていて、自分のやり方がある程度認められる職場では、うまくいくばあいがあります。逆に、マニュアルがなく阿吽の呼吸でやり方が決まる職場では混乱してしまう可能性が高いでしょう。つまり、「適職」を探すよりも、むしろ周囲の環境とのマッチングがポイントになるということを覚えておいてください。

参考：株式会社Kaienホームページ「大人の発達障害Q&A」より
発達障害に向く仕事を考える・基本編　http://www.kaien-lab.com/faq/job101/
発達障害に向く仕事を考える・ADHD（注意欠如多動性障害）編　http://www.kaien-lab.com/faq/jobadhd/
発達障害に向く仕事を考える・ASD（自閉症スペクトラム・アスペルガー症候群）編　http://www.kaien-lab.com/faq/jobasd/

Q2. 発達障害のある人が利用できる相談機関や就労支援機関について教えてください。

発達障害の人が利用できる相談機関や就労支援機関にはさまざまなものがあり、公的な機関のほかに民間の機関もあります。代表的な支援機関は以下のとおりです。

全般的な相談がしたかったら「発達障害者支援センター」

発達障害者支援センターは、発達障害児（者）への支援を総合的に行なうことを目的と

した専門機関です。日常生活にかかわることや、福祉制度の利用の仕方などについて相談に乗ってくれます。就労支援専門の機関ではありませんが、必要な支援機関の紹介やハローワークなどのほかの就労支援機関と共同で就労支援を行なう場合もあります。

就労相談をしたかったら「地域障害者職業センター」

障害者一人ひとりのニーズに応じて、職業評価、職業指導、職業準備訓練および職場適応援助等の各種の職業リハビリテーションを実施するとともに、事業主に対して、雇用管理上の課題を分析し、雇用管理に関する専門的な助言、その他の支援を実施しています。

15～39歳の方で将来にむけての相談がしたかったら「地域若者サポートステーション」

地域若者サポートステーション（愛称：サポステ）では、専門的な相談、ステップアップにむけた職業訓練、協力企業への就労体験などにより、就労にむけた支援を行なっています。ただし、基本的には職業紹介は行なっておらず、訓練後はハローワークなどの他機関とつながり、就職をめざします。

すぐに就職をめざすなら「ハローワーク」

障害のある人の支援を行なう専門援助部門があり、就労支援コーディネーターが配置されています。

また、「若年コミュニケーション能力要支援者就職プログラム」が実施されており、発達障害などの要因によりコミュニケーション能力に困難を抱えている人に対して、専門支援機関である地域障害者職業センターや発達障害者支援センターなどと連携し、そのニーズや特性に応じた支援を行なっています。

職業能力を身につけたいなら「障害者職業能力開発校」

就職に必要な知識、技能・技術を習得することを目的としています。いくつかのコースに分かれており、1～2年間通学します。

一般就労をめざすなら「就労移行支援事業所」

就労を希望する 65 歳未満の障害のある方に対して、職業体験をはじめ、知識やスキルの訓練、就労に関する相談や支援を行なっています。最近では発達障害専門の事業所も増えてきています。

Q3. 障害者枠で働きたいと考えています。お給料ってどれくらいですか？

● Kaien 就職者の職種比率／平均給与

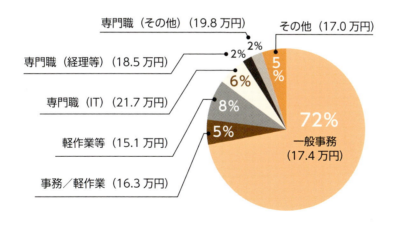

グラフは過去 3 年間（2014 〜 2016 年）に発達障害者むけの就労移行支援事業所である Kaien を卒業し、障害者枠で就職した利用者の方、約 350 名の職種比率を集計したものです。もっとも割合が多かった一般事務職の平均給与は 17.4 万円でした。

年齢や性別などの分類はできていないため、一概に一般枠との比較はできませんが、全体としてはやや低めの水準であり、なおかつ昇給が限定的なのが現実です。障害者枠で

は、決められた仕事を決められたとおりにコツコツ行なうことを求められます。そのため、部下を持つ、高い専門性を発揮して売上増に貢献する、などの昇給に値する成果があげにくいことが理由としてあげられます。

このため、給与をアップさせたいばあいには、転職せざるを得ないケースが多くあります。もちろんそのときは、働きながら就職活動を行なわなければならないので、じょうずに支援機関や企業に相談しながらすべきことを整理していくとよいでしょう。

Q4. 精神保健福祉手帳を取得するにはどうしたらいいのでしょうか？

発達障害の診断を受けていて、長期にわたり日常生活や社会生活への制約があると認められた人は、精神保健福祉手帳を取得することができます。精神保健福祉手帳は1級から3級までに区分されており、申請時の診断書等に基づく審査により決定されます。

●精神保健福祉手帳の等級

級	
1級	日常生活が不能な程度
2級	日常生活が著しい制限を受けるか、または日常生活に著しい制限を加えることがある程度
3級	日常生活や社会生活に制限を受けるか、日常生活や社会生活に制限を加える必要がある程度

お住まいの区市町村の担当窓口（特別区地域は保健所・保健センターなど、市町村地域は市役所・町村役場障害者福祉主管課など）で申請できます。申請には、「障害者手帳申請書」「診断書（障害者手帳用）（初診日から6カ月以降に作成され、作成日が申請日から3カ月以内のもの）」「本人の写真」などが必要なので、事前に確認しておきましょう。

手帳を取得すると、企業に雇用された際に「障害者雇用率」にカウントされるため、就職の際に有利になるばあいがあります。そのほか、公共料金などの割引、税金の控除・減

免、公共施設の割引などのサービスを受けることができます。

ただし、手帳の有効期間は2年間なので、更新を希望する方は、更新申請の手続きを行なう必要があります。

Q5. 就労継続支援A型とB型は、どこがどう違うのですか？

A型とB型の主たる違いは、事業者と利用者のあいだに雇用関係が成立しているかいないかという点です。

A型は利用者と雇用契約を結んだうえで、就労の機会を提供します。賃金は最低賃金以上と定められていますが、最低賃金が払えない事情を明示したうえで最低賃金を保障せずに雇用契約を結んでくる事業所も存在します。もちろん多くの事業所は賃金向上のために努力していますが、現在A型の時間当たりの賃金の平均が737円（2013年度）なので全国の最低賃金の平均を若干下回っているのが現状です。また、1日当たりの労働時間が4時間程度と短いばあいもあり、月額は全国平均で6万9,000円というデータから、多くの人がフルタイムで働いていない状況が推察できます。

A型よりも就労面での課題が大きい人に、雇用契約を結ばずに働く機会を提供するのがB型で、より「訓練」や「リハビリ」に重きが置かれています。A型よりもさらに労働時間の縛りが少ないため、負担が少なく、「まだ継続して働く自信がない」という人にむいています。

ただし、工賃（B型事業所での給与のこと）に関する規定もなく、月額の全国平均が1万4,437円、時間当たりに換算すると178円程度です。この収入だけの生活は困難なため、多くの人が障害年金を受給しています。

A型もB型も利用期間の制限はないので、体力や状況に合わせて、自分にマッチした事業所を選びましょう。

Q6. 障害年金とは、どんな制度ですか？発達障害でも支給されるのですか？

　障害年金とは、障害の程度に応じて、一定の金額が毎月支給される年金制度です。初診日に加入していた年金制度により、障害基礎年金・障害厚生年金・（旧）障害共済年金の3種類があります。

　障害年金を受け取るためには、障害認定基準による障害等級に該当していなければなりません（障害年金の障害認定基準は障害者手帳の基準と異なります）。厚生労働省の認定基準では、発達障害のばあい、社会適応が困難で対人関係・コミュニケーション面での支障、問題行動による日常生活への制限があるばあいは1級もしくは2級、働くことはできるが障害により著しく労働が制限されているばあいは3級に該当すると定められています。

ガイドラインに基づき審査される

　しかし発達障害のばあいは、その困難のわかりづらさから医師に適切な診断書を書いてもらえなかったり、申請しても不支給の判定となったり、自治体によってばらつきがありました。そこで、2016年9月からは「精神の障害に係る等級判定ガイドライン」に基づき診査が行なわれることになっています。

　申請には必要な書類を揃えなければならず、容易ではありません。まずは、診断書や障害者手帳などを持って年金事務所やお住まいの地域の国民年金窓口へ行くことをおすすめします。

Q7. 都心と地方での就職事情に違いはありますか？

　2017年現在、景気回復の恩恵を受けてか、求人数は引き続き増加傾向といわれています。求職者数1人当たりの求人件数を示している有効求人倍率を都道府県別に見てみましょ

う。2016年8月の実績は埼玉県が1.07倍、千葉県1.19倍、神奈川県1.06倍に対し、東京都は2.01倍でした。つまり東京都は首都圏のなかでも圧倒的に求人倍率が高く、人が足りない状態です。

障害者枠の求人が東京23区に偏る理由

　先ほど紹介した数字は一般枠の数字でしたが、じつは障害者枠の求人はさらに東京に偏っています。Kaienから就労移行支援を経由して人材紹介で就職されるケースの多くは東京都内、しかも23区でも山手線沿線や山手線の内側での勤務となっています。発達障害のばあい「感覚過敏があるので、通勤ラッシュを避けたい」という希望も少なくないので、残念に思う人もいるかもしれませんね。

　けれども、ハローワークからの情報によると、求人の偏在は5倍にもなるといわれているのです。なぜ障害者枠の求人は東京都内に、しかも23区に偏るのでしょうか？

　それは、障害者枠の勤務地を本社や本社周辺に設定する企業が圧倒的に多いためです。例をあげて考えてみましょう。

> ● 企業A ●　全国各地に飲食店を経営する企業
> 　　　　　　従業員：総従業員2,000人（障害者枠は40人）
> 　　　　　　事業所：内訳は以下のとおり
> 　　　　　　東京都千代田区に本社（従業員500人）
> 　　　　　　全国各地に30の支店・店舗（従業員1,500人→支店・店舗ごとに平均50人）

　このばあい、どのように障害者雇用を行なうのでしょうか？　本社の総従業員が500人なので、その2％の10人を障害者枠として、残りの30人分は全国30の支店・店舗で1人ずつ雇うというのが一つめの考え方です。A案としましょう。

　ほかに、本社で40人の障害者枠の雇用をすべて行ない、支店・店舗では障害者枠の雇用を一切行なわないという方法もあります。これをB案とします（もちろん法定雇用率以上に障害者枠の雇用を行う企業も多くありますが、ここでは障害者雇用率の達成を目的としている企業と仮定します）。

　また、30ある支店・店舗のなかで、もし障害者枠での雇用ができるところがあれば採

用するという、A案とB案の折衷案のC案もあるでしょう。仮に目標として、本社が30人、支店・店舗を10人とします。

支援者を配置できない……が最大の壁

　これまでKaienが関係してきた企業では、C案を選ぶ企業がもっとも多く、次いでB案、A案はほとんどありません。

　では、なぜ企業はC案とB案を選ぶのでしょうか？　それは障害のある方を雇用するということは、「配慮義務」が発生することが原則となり、支援員を配置・任用するのが障害者枠を進める企業では一般的だからです。もちろん"ナチュラルサポート"で支援員を置かずに障害者雇用を進めることが理想的ですが、実際はそのような余裕がない企業が多いのが現実です。そのため、30の支店・店舗で障害者枠の雇用を行なうとすれば、支援員も30人雇う必要があります。

　一方、本社に一括で40人の障害のある方を雇用するなら、支援員は5〜10人程度ですむため、効率も効果も高くなると考える企業が多いわけです。

障害者枠雇用を進めるのは大企業がほとんど

　そもそも本社が東京以外にある企業も多いし、中小企業は全国各地に散らばっているはず……と疑問を持つ人もいるかもしれません。しかし実際は、障害者雇用率が到達できないときに"罰金"ともいわれる納付金を支払う必要があるのは100人以上の企業です。したがって、障害者枠が義務化されても、小さな企業が積極的に障害者雇用を行なうことは、残念ながらまれなのです。

　もちろん本社以外で障害者雇用を一括して行なう「特例子会社」や「サテライト」を設置する企業もあります。ただし、そのように本社以外に雇用の場を設けるばあいでも、本社の人事の担当者が何かあったときにすぐに駆けつけられるように、本社から電車で1時間程度のところに事業所を置くのが一般的です。

　やはり東京都内の方が、業務内容や待遇・働きたい業種など、希望に近い仕事を見つけやすく、「通勤面のある程度の負担はがまん」という状態になっているのが障害者枠の現状です。

Q8. 特例子会社って何ですか？

　大企業などが、障害者雇用を促進するためにつくる、特別な配慮を行なう事業所のことを、特例子会社といいます。現在日本には 400 社近くの特例子会社がありますが、その 4 分の 1 以上が都内に設置されており、障害者雇用の状況が都心と地方で大きく異なることがわかります。
　発達障害のある人を積極的に採用している特例子会社もあるので、二つの事例を紹介します。

事例 1　グリービジネスオペレーションズ株式会社（グリー株式会社 特例子会社）

　2012 年 5 月、横浜市に設立された、グリー株式会社の特例子会社です。障害のある社員が 37 名在籍しており（2017 年 5 月時点）、そのうち約 8 割の社員が発達障害の特性を持っています。
　業務では主にパソコンを使用し、本社のバックオフィスサポートや、ゲームをはじめとするインターネットビジネスのサポートを中心に、グリーグループ各社に向けた BPO（ビジネス・プロセス・アウトソーシング）事業を行なっています。

　【コメント】会社設立当時、全国でも発達障害のある方の雇用はまだ進んでいませんでしたが、発達障害の特性とゲーム・インターネット業界における業務との親和性が高いと考え、採用を促進しました。障害者の方々が、その能力を最大限に発揮でき、仕事を通じて自律的に成長し続けるための環境や仕組みづくりを進め、今後もその強化を着実に続けながら「一億総活躍社会」を体現できる会社をめざしていきます（福田智史氏・グリービジネスオペレーションズ株式会社 代表取締役社長）。

事例 2　株式会社サザビーリーグ HR（株式会社サザビーリーグ 特例子会社）

　2012 年 6 月に発達障害のある人が働くサテライトオフィスを横浜に新設。ウェブページの構成デザイン、サンプルページの作成、コンテンツの埋め込みなど IT の専門業務をはじめとし、EC サイトや各ブランドのホームページにのせる写真の撮影・加工、テキスト作成など、コンテンツ主体の業務を行なっています。

ほかにも、サイトのアクセス解析や、広報関連の音声テープの文字起こし、オフィス全般の庶務業務など多彩な仕事を、発達障害のあるスタッフが担当しています。

【コメント】私たちは、ただたんに作業を任せる「作業部隊」ではなく、彼らの特性でもある、細部を大事にするような感性をいかして仕事をしてもらっています。そうすることで、仕事のクオリティがあがって「いい仕事」につながり、彼らのスキルもあがっていくと考えているからです。また、弊社内のみでいかせるだけでなく、将来的にほかの企業に転職しても使える市場価値のある実践的なスキルを身につけることを意識しています。そのため、業務に必要なスキルの習得には、勤務時間内に学習することを許可しています。たとえば、庶務業務を担当している、社会人経験のない社員は、日常業務の合間に秘書検定の勉強をしています（伊藤俊典氏・株式会社サザビーリーグ HR 代表取締役）。

Q9. 働き先の企業のなかで受けられる配慮にはどんなものがありますか？

　企業のなかで行なわれる合理的配慮は、一人ひとりの社員の困りごとに応じて、本人と相談しながら企業が可能な範囲で配慮の内容や方法を決めていきます。

　ある特例子会社では、発達障害のある人の強みと弱みを分類し、以下のような環境調整を行なっています。

- スケジュールを作成し、先々の見通しを持って業務にあたれるようにする。
- 写真やイラストをそえたマニュアルを作成し、業務の単純明瞭化を行なっている。
- 業務指示者を特定するなどしながら、明確な指示出しをしつつ、対人面における不安・ストレスの軽減を図っている。
- 気が散らないよう、座席配置を工夫する。
- ミスをしやすいポイントを整理し、チェックリストを作成する。
- 心身に不安が生じた際には産業医面談を実施する。

そのほかにも発達障害の人に対してよく行なわれている合理的配慮としては、「机を
パーテーションで区切る」「リマインダーを送る」などがあります。このような先駆的な
取り組みを行なうところはまだ少数ですが、企業でも少しずつ合理的配慮を進める動きが
広がっています。

Q10. 一般枠で働くときでも障害をオープンにすべきですか？また、一般枠でも配慮は受けられるのでしょうか？

　障害をオープンにするかどうかは本人の自由です。一般枠で働きながら障害をオープンにしていない人はたくさんいます。
　オープンにするか否かの判断基準は「配慮を求めるかどうか」です。特別な配慮がなくても会社から求められる職務を果たすことができ、かつご自身も納得のいく環境で仕事に取り組めるのであれば、障害の有無はプライベートなことなので、いいたくなければあえて伝える必要はありません。
　何らかの配慮を会社側や上司・同僚に求めるのであれば、その理由を伝えた方が円滑に進むばあいもあります。ただし、気をつけてほしいのは、一般枠のばあい、障害者枠とは異なり、必要な配慮を必ずしも叶えてもらえるとは限らないということです。また、残念な現実ですが、障害をオープンにすることで偏見を持たれるというリスクがないわけでもありません。
　何にせよ、その会社の色によって大きく異なります。オープンにするかどうかは、まずは社外で発達障害のある人の就労にくわしい人に相談し、つぎに社内の信頼のおける人に相談をしてから決められるとよいでしょう。

おわりに

　「発達障害のある子どもたちの凸凹をいかした、仕事を紹介するガイドブックをつくりませんか」という企画を合同出版さんにご提案いただいたことが、この本をつくるきっかけでした。「発達障害の強みをいかす」というキーワードのもと事業を展開してきた私たちにとって、それはとても魅力的なお話で、「子どもたちに夢や可能性と一緒に、現実的な選択肢もきちんと伝えられるような本にしたいです」と、提案をしました。

　発達障害のある子どものすべてが、圧倒的に記憶力が優れているだとか、アイデア豊かな創造性があるといった、わかりやすい才能を持っているわけではありません。私たちが知っている発達障害の子どもたちの強みとは、ありふれているかもしれないけれど、周囲の人たちが見習いたくなるような真摯さや実直さです。そのため、発達障害のある子どもを過度な"天才児"として見ることは避けたかったのです。私たちのそんな想いに出版社が共感をしてくださり、1年間の制作期間を経て本書が完成しました。

　この本のいちばんの目玉は、発達障害を持つ当事者が、実際にその業界で働いている（た）経験についてまとめた「先輩の声」です。「働くってとてもたいへんなこと。障害の特性で困ったこともあった。でも、やりがいや喜びもたくさんある。それを子どもたちに知ってほしい」と、発達障害の当事者である30名近い方が、それぞれの職場での体験談を寄せてくれました。ほとんどの方が、私たちとつながりのあるKaien出身者で、おかげさまでこの本で紹介したすべての業界にわたって経験者の声を集めることができました。

　残念ながら、紙面の都合上掲載ができなかったインタビュー記事もありましたが、そちらについてもいずれどこかでお披露目したいと考えています。ご協力いただいたみなさんには、この場を借りて厚く御礼申し上げます。

　最後になりますが、本書の原稿制作でお世話になりました東京都自閉症協会の副理事長である尾崎ミオさま、5人の子どもたちの魅力をすてきなイラストで表現してくださったオオノマサフミさまに深く感謝申し上げます。そして、何よりこの本を手に取り、最後まで読んでくださった読者のみなさま、本当にありがとうございました。この『発達障害の子のためのハローワーク』で、子どもたちが将来にむかって一歩を踏み出していってくれたら、こんなに嬉しいことはありません。

2017年6月　TEENS執筆チーム一同

参考になる本

『親子で理解する発達障害 進学・就労準備の進め方』鈴木慶太［監修］、河出書房新社、2016年

『ASD（アスペルガー症候群）、ADHD、LD　女の子の発達障害──"思春期"の心と行動の変化に気づいてサポートする本』宮尾益知［監修］、河出書房新社、2016年

『発達障害 キーワード＆キーポイント』市川宏伸［監修］、金子書房、2016年

『【DSM-5対応】最新 子どもの発達障害事典』原 仁［責任編集］、合同出版、2014年

『読み書き障害のある子どもへのサポートQ&A』河野俊寛［著］、読書工房、2012年

『自閉症・アスペルガー症候群「自分のこと」のおしえ方（ヒューマンケアブックス）』吉田友子［著］、学研プラス、2011年

『高校生の発達障害（こころライブラリー イラスト版）』佐々木正美・梅永雄二［監修］、講談社、2010年

『思春期のアスペルガー症候群（こころライブラリー イラスト版）』佐々木正美［監修］、講談社、2008年

『ふしぎだね!?　知的障害のおともだち（発達と障害を考える本6）』原 仁［監修］、ミネルヴァ書房、2007年

『ふしぎだね!?　アスペルガー症候群（高機能自閉症）のおともだち（発達と障害を考える本2）』内山登紀夫［監修］、ミネルヴァ書房、2006年

『ふしぎだね!?　LD（学習障害）のおともだち（発達と障害を考える本3）』内山登紀夫［監修］、ミネルヴァ書房、2006年

『ふしぎだね!?　ADHD（注意欠陥多動性障害）のおともだち（発達と障害を考える本4）』内山登紀夫［監修］、ミネルヴァ書房、2006年

〈監修者〉
・鈴木慶太（株式会社Kaien 代表取締役）

2000年、東京大学経済学部卒。NHKアナウンサーとして報道・制作を担当。2007年からKellogg（ノースウェスタン大学ケロッグ経営大学院）留学、MBA取得。渡米中、長男の診断を機に発達障害の能力をいかしたビジネスモデルを研究。帰国後、株式会社Kaienを創業、現在同代表取締役。

・飯島さなえ（株式会社Kaien 教育事業担当 執行役員）

2011年、中央大学文学部卒。成人の自閉・知的障害者の通所施設（生活介護・就労継続B型）で3年間支援員として勤務。2014年、株式会社Kaienに入社。放課後等デイサービスTEENSで発達障害のある子どもの直接指導、プログラム開発を行なう。2016年に執行役員（教育事業部）就任。

・株式会社Kaien（http://www.kaien-lab.com）
2009年9月設立。代表取締役である鈴木慶太氏が、アメリカ留学中、長男の診断を機に発達障害の能力を活かしたビジネスモデルを研究し、創業。発達障害の方に特化した人材サービス事業（人材紹介、人事コンサルティング）、就労支援事業（大人の発達障害者向け「就労移行支援事業」）、教育事業（子ども向け「TEENS」、学生向け「ガクプロ」）、相談支援事業、啓発事業などを展開している。『親子で理解する発達障害 進学・就労準備の進め方』（河出書房新社、2016年）監修。

〈編著者〉
・TEENS（http://www.teensmoon.com）
株式会社Kaienが運営する発達障害のある小中高生向けの放課後等デイサービス。ASD（自閉症スペクトラム・アスペルガー症候群）やADHD（注意欠如多動性障害）、LD（学習障害）など、さまざまな特性のある子どもの「働く力」を育てるプログラムを提供している。橋本クリニックとの共同運営。
執筆チーム：大橋完司／金井祐美／藤 恭子／穂刈久美子

＊本書の刊行にあたりましては、多くの機関・企業・学校の関係者のみなさまから写真のご提供をいただきました。快くご協力をくださったみなさまに、心より御礼申し上げます。なお、写真掲載につきましては、極力許可を得るよう努力いたしましたが、一部、連絡先または掲載許諾の可否が不明となっております。本書をご覧になりお気づきの方は、編集部までご一報をいただければ幸いです。

編集協力	尾崎ミオ（TIGRE）
装丁	後藤葉子（森デザイン室）
イラスト	オオノマサフミ
本文デザイン	椎原由美子（シー・オーツーデザイン）
組版	酒井広美（合同出版制作室）

発達障害の子のためのハローワーク

2017年 7月25日 第1刷発行
2018年 4月10日 第4刷発行

監　修　者　鈴木慶太＋飯島さなえ
編　著　者　TEENS執筆チーム
発　行　者　上野良治
発　行　所　合同出版株式会社
　　　　　　東京都千代田区神田神保町1-44
　　　　　　郵便番号 101-0051
　　　　　　電話 03（3294）3506　FAX 03（3294）3509
　　　　　　振替 00180-9-65422
　　　　　　ホームページ http://www.godo-shuppan.co.jp/
印刷・製本　株式会社シナノ

■刊行図書リストを無料進呈いたします。
■落丁・乱丁の際はお取り換えいたします。
本書を無断で複写・転訳載することは、法律で認められている場合を除き、著作権及び出版社の権利の侵害になりますので、その場合にはあらかじめ小社宛てに許諾を求めてください。

ISBN978-4-7726-1312-5　NDC370　182×230
©TEENS, 2017